コロナ後の世界秩序、米中と日本

―メディアの立ち位置を考える―

船橋洋一氏による基調講演の模様＝2021年10月30日、プレスセンター

パネルディスカッションの風景

コロナ後の世界秩序、米中と日本

船橋洋一

アジア・パシフィック・イニシアティブ理事長

ふなばし・よういち　1944年北京生まれ。東京大学教養学部卒。1968年、朝日新聞社入社。北京支局員、ワシントン支局員、アメリカ総局長などを経て、朝日新聞社主筆。外交・国際報道でボーン上田賞、石橋湛山賞、日本記者クラブ賞などを受賞。著書に大宅壮一ノンフィクション賞を受賞した『カウントダウン・メルトダウン』（文藝春秋）、『ザ・ペニンシュラ・クエスチョン』（朝日新聞社）、『シンクタンクとは何か』（中公新書）、『フクシマ戦記』（文藝春秋）など多数。

コロナ後の世界秩序、米中と日本 ―メディアの立ち位置を考える―

パネリスト

渡辺 靖 慶応義塾大学教授

わたなべ・やすし　1967年札幌市生まれ。上智大学卒。米ハーバード大学で博士号。専門は現代米国論、パブリック・ディプロマシー論。2004年『アフター・アメリカ』（慶應義塾大学出版会）でサントリー学芸賞、アメリカ学会清水博賞など受賞。他に『リバタリアニズム』（中公新書）、『白人ナショナリズム』（中公新書）など著書多数。パリ政治学院客員教授など歴任。近年、カルチュラル・セキュリティという概念を提唱し国際的に注目される。

パネリスト

九州大学准教授

益尾知佐子

ますお・ちさこ　福岡県出身。東京大学教養学部卒、東京大学大学院総合文化研究科博士課程修了、博士（学術）。北京大学留学、日本国際問題研究所研究員などを経て、2008年から現職。専門は国際関係論、現代中国の政治外交。著書に『中国の行動原理』（中公新書）、『中国政治外交の転換点』（東京大学出版会）など。日本国際問題研究所客員研究員、エズラ・ヴォーゲル教授研究助手を兼任し、英語と中国語でも研究活動を行っている。

杉田弘毅

共同通信社特別編集委員

すぎた・ひろき　1957年愛知県生まれ。一橋大学卒。1980年共同通信社入社。91年テヘラン支局長、2005年ワシントン支局長、13年編集委員室長、16年論説委員長。著書に『アメリカはなぜ変われるのか』（ちくま新書）、『「ポスト・グローバル時代」の地政学』（新潮社）、監訳『新大陸主義』（潮出版社）、『アメリカの制裁外交』（岩波新書）など。21年5月、日本の国際報道を長年けん引したとして日本記者クラブ賞を受賞した。

コーディネーター

松本真由美

東京大学教養学部客員准教授

まつもと・まゆみ　熊本県出身。上智大学外国語学部卒業。大学在学中にテレビ朝日の報道番組のキャスターになったのをきっかけに、報道番組のキャスター、リポーター、ディレクターとして幅広く取材活動を行う。2008年より東京大学における研究、教育活動に携わる。東京大学での活動の一方、講演、シンポジウム、執筆など幅広く活動する。

パネルディスカッションの模様。(左から)松本真由美、船橋洋一、渡辺 靖、益尾知佐子、杉田弘毅の各氏

オンライン配信のために設置されたカメラ

受付の模様

司会を務めたフリーアナウンサーの戸丸彰子氏

シンポジウム

コロナ後の世界秩序、米中と日本

──メディアの立ち位置を考える──

公益財団法人 新聞通信調査会

コロナ後の世界秩序、米中と日本

―メディアの立ち位置を考える―

主催者あいさつ

公益財団法人 新聞通信調査会
理事長　**西沢 豊**

　皆さま、こんにちは。ご紹介いただきました公益財団法人 新聞通信調査会理事長の西沢でございます。今年もコロナ、コロナで1年が終わりそうですが、アフターコロナをにらんで政治、経済、外交、安全保障など変化に対応した進路を考えるべき時期に来ているのではないかと思います。そうした意味で、今年のシンポジウムは「コロナ後の世界秩序、米中と日本―メディアの立ち位置を考える―」をテーマにいたしました。

　さて、中国は習近平政権になってから強権姿勢を強めております。香港では

3

一国二制度がなし崩しになり、台湾に対しては統一への強い姿勢を示しております。万一、台湾有事になれば日本の安全保障への影響は大きなものになります。これに対して、米国のバイデン政権は、トランプ前政権からの対中対決姿勢を基本的に踏襲しているように思います。ただ、米国にしても、日本にしても、中国との経済関係は大きく、米ソ冷戦時代のような単純な構図ではありません。

19世紀の英国で外相、首相を務めたパーマストン卿は「永遠の同盟国も、永遠の敵対国もない。英国の国益こそが永遠なのだ」と述べました。今から40年近く前、日中平和友好条約が結ばれましたが、その時、中国が執拗に求めたのが反覇権条項であります。ソ連の脅威を強く感じていたのです。しかし、現在はどうでしょう。その中国は軍事力を強化し、アジア・太平洋で覇権を握ろうとしています。今こそ日本の政府、経済界そしてメディアは心情的な反中、親中ではなく、国益を見定めたリアリズムが求められているのではないでしょうか。

本日は第1部で米中に詳しいアジア・パシフィック・イニシアティブの船橋洋一理事長に、このシンポジウムと同じ「コロナ後の世界秩序、米中と日本」と題して基調講演をいただき、これを受けて現代米国論がご専門の渡辺靖慶応義塾大学教授、中国の政治外交がご専門の益尾知佐子九州大学准教授、そして国際問題で今年、日本記者クラブ賞を受賞された杉田弘毅共同通信社特別編集委員のお三方にパネリストとして議論していただきます。コーディネーターは松本真由美東京大学教養学部客員准教授にお願いいたします。

今回もコロナの感染防止のため、会場の入場者を絞り、オンラインとのハイブリッド方式にいたしましたが、コロナ収束後もシンポジウムの裾野を広げるためにこの方式を続けていきたいと思っております。最後になりますが、船橋様をはじめ、パネリストの皆さまには大変ご多忙な中、ご出席いただきました。この場をお借りして厚く御礼申し上げ、開会に当たっての主催者あいさつといたします。本日はありがとうございました。

目次

第 **1** 部　基調講演

コロナ後の世界秩序、
米中と日本

船橋洋一　アジア・パシフィック・イニシアティブ理事長

コロナ後の世界秩序、米中と日本
──メディアの立ち位置を考える──

パネリスト

船橋洋一　アジア・パシフィック・イニシアティブ理事長

渡辺 靖　慶応義塾大学教授

益尾知佐子　九州大学准教授

杉田弘毅　共同通信社特別編集委員

コーディネーター

松本真由美　東京大学教養学部客員准教授

（シンポジウム開催概要）

題名　コロナ後の世界秩序、米中と日本
　　　　―メディアの立ち位置を考える―

主催　公益財団法人 新聞通信調査会

会場　プレスセンターホール（日本プレスセンタービル　10階）
　　　千代田区内幸町2－2－1

日時　2021年10月30日13:00～16:00（12:30受付開始）

内容　第1部　基調講演　　　　　　13:05～14:05
　　　第2部　パネルディスカッション 14:15～16:15

【表紙の写真】 北京の人民大会堂で握手する習近平国家主席（右）と
　　　　　　　バイデン米副大統領（当時）＝2013年12月（ロイター＝共同）

第 **1** 部

基調講演

コロナ後の世界秩序、
米中と日本

船橋洋一

アジア・パシフィック・イニシアティブ理事長

コロナ後の世界秩序、米中と日本

船橋洋一

アジア・パシフィック・イニシアティブ理事長

船橋洋一氏

コロナ危機と「米中対立」

　コロナ危機の中で起きた出来事で、国際政治において一番大きな要素・要因というのが「米中の対立」だったと思います。米中の対立によって、世界を引っ張るリーダーシップが不在となったという見地から、そもそも米中関係をどう見ればよいか、そのことの日本に対する意味合いについて、私なりの考えをご報告したいと思います。

2021年10月30日

コロナ後の世界秩序、米中と日本

（一財）アジア・パシフィック・イニシアティブ

理事長　船橋 洋一

図1

コロナ危機があぶりだした世界とコロナ後の世界

- 最大の地政学的変化は、米中対立
- 決定的瞬間(tipping point)は、COVID-19の感染源をめぐる米中の応酬

- 2020年3月12日、趙立堅中国外務省報道官のツイート："It might be U.S. army who brought the epidemic to Wuhan."
- 2020年3月16日、トランプ大統領のツイート："The United States will be powerfully supporting those industries, like Airlines and others, that are particularly affected by the Chinese Virus."

武漢ウイルス研究所

趙立堅（世界でもっとも有名な戦狼外交官）

図2

専門家の方々から、後ほど討論の場でいろいろとお話を伺えると思いますので、正していただく、あるいは補っていただくというようなことでご容赦いただきたいと思います。

まずは、「コロナ危機があぶりだした世界とコロナ後の世界」です（**図2**）。

新型コロナウイルスは、武漢のウイルス研究所から出たのではないかという疑いが最初からあるわけです。けれども、中国はとんでもないと否定しております。いつがアメリカと中国の対立、ティッピングポイントといいますか、決定的瞬間だったのかというと、多分ここではないのかと思う時があります。

2020年3月12日、戦狼外交官といわれる中国外務省の趙立堅報道官が「今度のこの感染症はアメリカの軍隊が中国に持ち込んできたのだ」ということを自分のアカウントでツイートしました。

その4日後にトランプ大統領がチャイニーズウイルス（中国ウイルス）という言葉を初めて使いました。その後、ポンペオ米国務長官がG7（先進7カ国）の外務大臣会合で、「この言葉をコミュニケに入れてくれ」と強く主張すると、他

コロナ危機があぶりだした世界 とコロナ後の世界

- 2020年3月26日、G7外相オンライン会議：共同宣言 出せず。（ポンペオ国務長官が「武漢ウイルス」の 名称を使うことにこだわったため）

☞ 習近平・トランプ首脳会談は、3月27日の電話会談が最後。

- 「将来の歴史家は、米国と同盟国がコミュニケ作成 に当たってパンデミックを何と呼ぶのかをめぐって 合意できなかった2020年春を自由で国際的な経済秩 序の終焉の時として記すことになるかもしれない」 ——ジョン・アイケンベリー（G. John Ikenberry）

図3

の外務大臣は「それはいくらなんでもやり過ぎだ」「賢明でない」と反対し、コミュニケが出せなかったということがありました**（図3）**。

　これに対して、国際秩序論の世界的な権威でプリンストン大学教授のジョン・アイケンベリーは「将来の歴史家は、アメリカと同盟国がコミュニケ作成に当たって、パンデミックを何と呼ぶかを合意できなかった、この2020年春を、自由で国際的な経済秩序の終焉（しゅうえん）の時として記すことになるかもしれない」と書いています。実際、中国の習近平国家主席とトランプ米大統領の首脳会談は、この後の3月27日の電話会談を最後に、その後二度と開かれなかったということからも、たぶんそう言えるのではないかと思います。

　国際秩序をつくっていく世界の有力国が協力しなければ、ガバナンスというのはできないわけですね。グローバルガバナンスという言葉もありますけれども、究極的には地政学的な、大国によるアレンジメントであるということだと思います。それが、米中ともにリーダーシップを発揮することができない時代に入ってきています。

リーダーシップを発揮できない米中

　ジョージ・パッカーは、私が今最も好きなアメリカのジャーナリストです**（図4）**。彼が2020年の春にこんなことを言っています。「2020年3月、あの Endless March。毎朝、目を覚ますと自分たちは破綻国家の市民なのだと思い知らされた日々だった」と。アメリカの市民、国民の無力感といいますか、挫折感といいますか、それを表しています。

　現在、新型コロナウイルスの死者は70数万人ですから、アメリカの人口が世界の人口の4％であるにもかかわらず、全世界の死者の25％をアメリカが占めるというトランプ政権下の悲惨な状況。これが一つ、アメリカがリーダーシップを発揮できない証拠ではないでしょうか。

　次に、**図5** は李文亮（りぶんりょう）さんです。30代のお医者さんで、最初に新型コロナウイルスの問題提起をし、「デマを流すな」と湖北省の公安に迫害を受け、結局はコロナに感染してお亡くなりになられました。中国国民が彼のことを非常に尊敬し、悼んで、ツイッターには200万以上のフォロワーがついたということです。この

**Absent at the creation :
米中ともにリーダーシップ
発揮できず**

ジョージ・パッカー（George Packer）:
「2020年3月、あのendless March、毎朝、目を覚ますと自分たちは破綻国家の市民なのだと思い知らされた日々だった」

図4

**Absent at the creation :
米中ともにリーダーシップ
発揮できず**

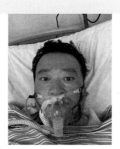

李文亮医師:
「健全な社会はただ一つの主張のみに依拠してはならない」

図5

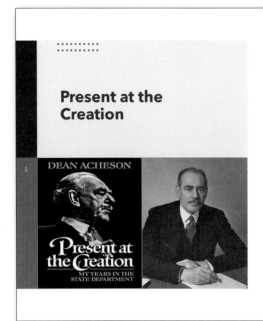

Present at the Creation

ディーン・アチソン（Dean Acheson)

☛グローバル・イシューズのゼロサム化と武器化
☛気候変動での米中協力の難しさ

図 6

李文亮さんが、亡くなる直前の記者のインタビューに対して「健全な社会はただ一つの主張のみに依拠してはならない」とおっしゃっています。これは、中国の独裁政権、強権政治体制のもろさ、弱さというのを、このパンデミックが実は如実に示した例ではないかと思います。

　その後は、「中国はよくやった」「今はよくやっている」という見方も出てきています。しかし、今の中国の体制はどういう体制なのか。戦狼外交官の有り様も重ね合わせて、異様な中国像というものが世界に投影されたということもまた事実であり、中国もリーダーシップを発揮することはできていません。

　『Present at the Creation』（**図 6**）。これは、ディーン・アチソンが自分のメモワールを著した時の書名ですね。『Present at the Creation』は、国連をつくる、別途体制をつくる、導入システムをつくるという意味です。彼は、戦後のアメリカが築き上げた国際秩序の立役者の一人ですが、「自分がそれをつくった」という自負がある言葉です。これが今、アメリカには完全に欠如していると思います。

より深刻なデカプリングへ

デカプリング（分断）という言葉、最近あまり聞かれなくなりましたが、実際のデカプリングは「まだ」というより、「いよいよこれから」だと思います（**図7**）。

デカプリングの始まりは、トランプ政権時代の貿易戦争で、米中の関係でも特に経済関係が剥離していきました。大きな要因は関税引き上げですね。トランプ大統領が、５千億ドルに及ぶ中国からの輸入に関税をかけると言いました。平均３％だった関税を、一気に20％ぐらいにすると。もちろん、中国もそれに対抗して、アメリカからの輸入関税を平均10％に引き上げ、それによって貿易額が前年比10％以上減少してしまうということが起こりました。

しかし、より深く、より深刻なデカプリングというのは、この関税のチャンバラではありません。AIとか、量子コンピューターとか、バイオテクノロジー、ブロックチェーンなどの、エクスポネンシャル・テクノロジーといわれる先端技

米中デカプリング

- 2019年は米中"デカプリング元年"
- 5000億ドルの中国からの輸入品の関税を平均3%から20%に引き上げ、中国は1500億ドルの米国からの輸入品の関税を約10%に引き上げ、この年の貿易額は前年比10%以上、減少。
- Exponential technology（AI/quantum computing/blockchain/bio）
- 「フィールド・オブ・フィールズ」（"It is a field of fields … it holds the secrets which will reorganize the life of the world."）

- 「第二次世界大戦以来初めて、米国の技術支配――経済、軍事力の背骨――が脅威にさらされている。中国は現在の傾向が続けば、向こう10年で米国を上回る力、才能、野心を持っている。同時に、AIはサイバー攻撃とディスインフォーメーションによる脅威を増幅している。パンデミックと気候変動は国家安全保障の概念を拡大する必要性を告げており、我々はAIを活用した解決法（AI-enabled solution）を見出すときである」
（National Security Commission on Artificial Intelligence Report）

図7

術。エジソンが、電気が世界にとってどれほど大きな意味を持つかということを形容した表現「フィールド・オブ・フィールズ」という言葉のように、世界が幾何級数的に質的に変化してしまうということが、まさに今起こっていて、ここにアメリカと中国の技術覇権をめぐる最も熾烈な闘争が展開されている。

　図７の最後のところ。グーグルの前社長エリック・シュミットが組織したシンクタンク「National Security Commission on AI」での表現です。中国とアメリカは競争していかなければならない。経済も軍事も、全てが競争になる。サイバーセキュリティーだとか、ディスインフォーメーション（虚偽情報）、ポリティカル・インフルエンス、これらを含めてまるごとの挑戦になってきている。それに対して──「AI-enabled solution」と表現していますが──アメリカは AI をとことん使って、技術によって対抗・競争していくべきだという考え方です。

　その次、これは現バイデン政権の副長官のキャスリン・ヒックスです **（図８）**。

　中国は、2015年５月の「中国製造2025」で、技術覇権を目指した産業政策、経済安全保障政策を、鮮烈な形で打ち出したわけですね。これに対するアメリカの

米中デカプリング

産業政策
- 「中国製造2025」と「軍民融合」

☛キャスリン・ヒックス（Kathleen Hicks）：
協働型創造的破壊（"collaborative disruption"）

グローバル・サプライチェーン
- 「国内大循環を主体とした国内・国際双循環の下、内需を拡大しながら、巨大市場の魅力により諸外国の投資・技術を引き付ける『拉緊（重力場）』を形成」
- 「外部からのサプライチェーン断絶に対する強力な反撃力と抑止力を構築」
（習近平国家主席：党中央金融財政委員会での発言＝2020年4月）

7

図８

ショックはとても大きかったことを今でも覚えています。さらにそれが「軍民融合」だと。「民間の技術、これは全て軍事的な目的に資するために使わなければならない。使うのだ」というのが中国の考え方です。だから、中国と技術提携してジョイントベンチャーをやるとか、中国に技術移転すると、これは全て軍の目的のために使われるのが中国のやり方。

それに対してアメリカは、「『産業政策はしない。自由経済で、民が主導すればいい』という考え方はもう取らない」と言いました。「アメリカにも産業政策は必要である」と。ただ、アメリカの産業政策は、中国のような強制的なものではない。では、何か？　これがなかなか難しいのです。

中国製造2025

2025年までに	「製造強国」の仲間入り
49年までに	世界トップクラスの「製造強国」に

主な重点分野
- 次世代情報技術
- 先端数値制御工作機械・ロボット
- 航空・宇宙設備
- 省エネ・新エネ自動車
- バイオ医薬・高性能医療機器

(共同)

キャスリン・ヒックスは"collaborative disruption"という表現を使っていますが、この官民の協働型のcollaborativeなdisruptionですから、創造的破壊、こういうことであると言っています。それぞれの自主性、独立性を十分に担保しながら、協働していく。これは、どのような形で行うか難しいところもありますが、少なくとも理念的にはそういうことで対抗していくということですね。

中国はどうかといいますと、習近平国家主席が、2020年4月に内部で発言している内容が10月に公表されましたけれども、中国のグローバルサプライチェーン、市場力は世界に冠たるものになっていると言っています。この戦略的な重心性のある、広大な市場力をとことん使い切ると。つまり、それは依存させるということですね。

一つは、グローバルサプライチェーンというのは、市場力によって世界を中国に依存させるということだ、と。もう一つは中国にもチョークポイント（弱み）がある。その弱みである、敵性国家がグローバルサプライチェーンを絞り込む、あるいは封鎖するということをさせないように抑止する。そのために抑止力だとか、打撃力、反撃力、そういうものをしっかりと確立しなきゃいけないというこ

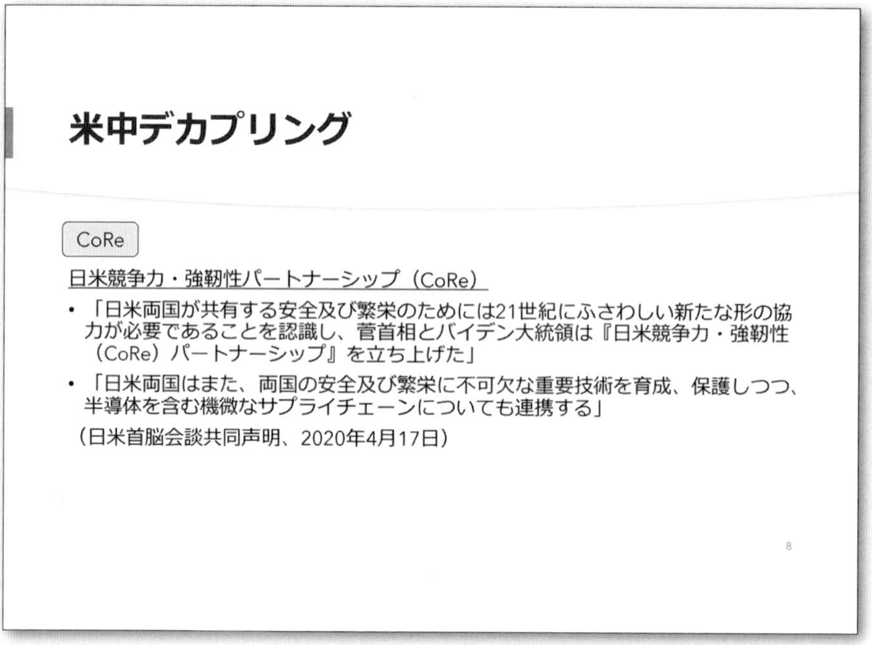

米中デカプリング

CoRe

日米競争力・強靭性パートナーシップ（CoRe）
- 「日米両国が共有する安全及び繁栄のためには21世紀にふさわしい新たな形の協力が必要であることを認識し、菅首相とバイデン大統領は『日米競争力・強靭性（CoRe）パートナーシップ』を立ち上げた」
- 「日米両国はまた、両国の安全及び繁栄に不可欠な重要技術を育成、保護しつつ、半導体を含む機微なサプライチェーンについても連携する」

（日米首脳会談共同声明、2020年4月17日）

8

図9

とです。

　経済相互依存というのは、うまくいけば平和のために資することになりますけれども、その非対称性が強まると、それはパワーの概念になってしまう。概念というか、パワーが働いてしまう。そういう余地を生んでしまいます。中国が今やろうとしているのが、まさにこの非対称性を強めることによる相互依存の武器化ということだと思います。

米中新冷戦の可能性

　先ほどの西沢さんの挨拶にあった「米中は新冷戦なのか？」という問題提起。これについては、いろいろな人がいろいろなことを言っています（**図10**）。オーストラリアの元首相ケビン・ラッドは「あり得るというより、多分、起こるだろう」と言っています。

　次はCIA（米中央情報局）の分析官で、素晴らしい歴史学者でもあるポール・ヒア。この人は「お互い、政治的対立に向かわないという想像力がもう効かなく

米中は新冷戦なのか？

「米中冷戦は、ありうる（possible）というより、
多分（probable）、起こるだろう」
——ケビン・ラッド(Kevin Rudd)

「しかし、米ソ冷戦の核心——"a state of hostility short of armed conflict"–はすでに明瞭である。双方とも冷戦とは呼びたくないが、その方向に向かっているし、双方の政治はそうならない方向に向かわせる想像力が働かなくなりつつある」——ポール・ヒア（Paul J. Heer）

図10

なってきている」と言っています。いったん冷戦構造になってくると、ほぐせなくなるという視点を出していますね。

　その次はリアリストの巨頭であるジョン・ミアシャイマー（図11）。これは『フォーリン・アフェアーズ』に先日出た論文ですが、非常に鋭く深い分析です。つまり、米ソ冷戦と今の米中の関係、比較してみてどうだろうかということを、レアルポリティーク（現実政治）の観点から見据えているわけです。

　まず国力について。特に経済力を考えたときに、それは米ソ冷戦と比較にならないほど、中国は強い。

　それから、ソ連はワルシャワ条約機構とか同盟国を抱えていたが、それに対して中国は同盟国がない。せいぜいあっても、北朝鮮のような国だ。同盟国を引き連れた場合は、一緒にマネジメントも考えなければいけないが、それを考える必要がない。

　ソ連は基本的にはリアリストだが、中国の場合はナショナリズムが高じて、戦狼外交官も止まらなくなってきている。そこが、怖い。

　ソ連の場合は「鉄のカーテン」に冷戦の緊張のポイントがあった。しかし、中

米中は新冷戦なのか？

「第二次冷戦は米ソ冷戦よりも危険で【熱戦】に発展しやすい関係である。その理由として、5つ挙げられる。

① ソ連に比べ中国の方がはるかに国力があり、米国のGDPを越す可能性がある。
② ソ連は多数の同盟国を抱えていたため、柔軟な戦略が取れなかった。中国には北朝鮮以外同盟国がおらず、自由な戦略を実施できる。
③ ソ連の行動はリアリスト的だったが、中国はナショナリズムによって行動している。
④ 中国は地域への野望を持っている。
⑤ 米ソ冷戦では核抑止があり、鉄のカーテンという戦略環境を安定させる明確な戦線があったが、米中冷戦では何が戦争の発端になるのかが見当もつかない上、主に通常兵器で戦われることになるため戦争を抑止する要素が少ない」
——ジョン・ミアシャイマー（John J. Mearsheimer）

10

図11

国の場合には、さまざまなところに緊張ポイントが散乱していて、しかも多岐にわたって散乱しているので、乱反射して共鳴してしまうかもしれない。予見可能性が中国の場合にはない、と言っていいと思います。以上の点を挙げると、もう冷戦にすでに入っている、むしろ、これからいかに熱戦にさせないかということを考えなければいけないということです。

それに対して、現バイデン政権の米国家安全保障会議（NSC）のインド太平洋政策調整官カート・キャンベルは、「"冷戦"と規定するのは、問題に光を当てるということではなくて、むしろ曇らせることになってしまう。そのように問題を見るのは極めて逆効果だ。"冷戦"というべきではない」と言いました（**図12**）。

『ソフトパワー』の著者のジョセフ・ナイも同じようなことを言っています。ただ、「"冷戦"という言葉を使うのはやめましょうと言ったからといって、そうすれば冷戦が起こらないということではありませんよ。起こる可能性も十分にありますよ」と言っています。「偶然」という要因があって、それが怖いのだということですね。

22

米中は新冷戦なのか？

「冷戦比較は米中関係の実態に光を当てるというよりむしろそれを曇らせる」「そのような決めつけは、中国が投げかける挑戦に応えるのに何ら役に立たない」

——カート・キャンベル（Kurt M. Campbell）

「冷戦の比喩は逆効果である。ただ、その事実は新たな冷戦が起こらないということを意味するものではない。われわれは偶然によってそこに到達するかもしれない」

——ジョセフ・ナイ（Joseph S. Nye）

APi initiative

11

図12

米中は新冷戦なのか？

楊潔篪国務委員（2017年第十九回党大会での外交演説）
- 「新しい情勢下では、冷戦思考と軍事同盟によって自らの絶対的安全保障を追求するといったことはもはや機能しない。（新形勢下，冷战思维、军事同盟、追求自身绝对安全那一套已经行不通了）」

欧州の外交官
- 「米中は、システマティックなライバルにならずに、システミックなライバルであることができる（"the United States and China can be systemic rivals without being systematic rivals."）」

ハル・ブランズ（Hal Brands）＆ ジョン・ルイス・ギャディス（John Lewis Gaddis）
- 「世界は冷戦に入っているのか？イエスでありノーだ。それが国際政治における長期的なライバルの存在ということを意味するのであれば、イエスだ。それがあの冷戦を意味するのであればノーだ。パラレルは存在する。しかし、文脈は異なる。」

12

図13

　中国の方はどう見ているか（**図13**）。楊潔篪元国務委員は、西側、特にアメリカ、それから日本も、「冷戦メンタリティーから抜け出せない。そこに問題がある」と言っています。要するに彼は、「絶対的安全保障というのを目指そうとすることがいけない」と。これは、かねがねキッシンジャーが言っていることとも非常に響き合うことで、実際に「絶対的安全」というのはないのです。「絶対的安全保障」というような考え方や政策はもう機能しない時代に入ったということですね。

　今最も注目されている若手の戦略家ハル・ブランズと、ジョージ・ケナンの伝記を書いた歴史家であり国際政治学者のジョン・ルイス・ギャディスは、『フォーリン・アフェアーズ』に掲載した論文で「冷戦かどうか。これはイエスでありノーだ」と言っています。「国際政治における長期的なライバルの存在ということを意味するのであれば、イエスだ。しかし、それが米ソ冷戦のようなものであるかといえば、ノーだ」と。パラレルは存在する、しかし文脈は異なる、という見方ですね。

米中は新冷戦なのか？

フレッド・バーグステン（Fred Bergsten）
- 「われわれはすでに米中の間の貿易と技術の戦争のただなかにある」

→定冠詞・大文字の冷戦（the Cold War）とは異なる。しかし、不定冠詞・小文字の冷戦(a cold war)の可能性はある。

→地経学ではすでに冷戦、さらには熱戦状態（5G,半導体、レアアース、貿易、知財、サイバー・セキュリティー、グローバル・サプライチェーン）

13

図14

　次に、ピーターソン国際経済研究所のファウンダー、フレッド・バーグステンは「経済で見ると、もうすでに戦争状態じゃないか。それを認識しておく必要がある」と言っています（**図14**）。つまり、定冠詞・大文字の「the Cold War」の米ソ冷戦とは異なる。しかし、不定冠詞・小文字の「a cold war」の可能性はあるし、すでに部分的にはそれに入っていると見るべきではないか。地経学で見ると、すでに「冷戦」さらには部分的に「熱戦」というような状態に突入していると見るべきではないかと思います。特に、この米中関係が怖いのは、権力移行期理論でいえば、権力移行期、つまり覇権国と挑戦国の力が拮抗してくる過程の10年から20年の間が、最も戦争に発展する可能性が高い。まさに今、そこに突入しているのではないかとの見方が広がっています。

権力移行期に考えられる危機

　トランプ政権時の NSC は、2017年のアメリカの国家安全保障戦略で、中国を修正主義勢力であると決め打ちして、「中国は今太平洋で米国に取って代わろうと、国家駆動型（ステート・ドリブン）の経済モデルを拡張し、自らに都合のよい地域秩序を再編しようとしている」と指摘しました。これは国家安全保障戦略（NSS）の文言の一部ですが、これを起草したのが共和党の戦略家であるナディア・シャドロウです（**図15**）。

　図15の下の写真は、今バイデン政権の NSC の中国部長を務めるラッシュ・ドシです。「中国の究極の目的は、建国100年にあたる2049年までに、世界の支配国家として、グローバルに米国の秩序に取って代わることだ」と言っています。

　中国が、「米国に取って代わる」という認識は、共和党も民主党も同じですね。ただ、ドシの場合は、中国の意思が、インド太平洋だけではなく、世界の他の地域までプランが広がっていると言っています。

　図16の表紙の写真には多分、見覚えがあると思います。2018年にカナダのシャルルボワで開催された G7サミットの時の写真ですね。メルケルとトランプ、にらみ合っていて、真ん中で安倍さんが困ったなというような表情で腕組みしています。この写真が、G7がバラバラな状態だということを表現していると思います。

権力移行期と「修正主義勢力」： パワーと秩序、そして同盟システム

ナディア・シャドロウ（Nadia Schadlow）

『2017年米国国家安全保障戦略』：

- 「中国は、インド太平洋で米国に取って代わろうとし、国家駆動経済モデルを拡張しようとし、自らに都合のよい地域秩序に再編しようとしている」

ラッシュ・ドシ（Rush Doshi）

- 「中国の究極の目的は、2049年までに世界の支配国家として登場するため、グローバルに米国の秩序に取って換わることである」

14

図15

権力移行期と「修正主義勢力」： パワーと秩序、そして同盟システム

- 権力移行理論：「移行期の最大のリスクは、台頭国がそれまでの覇権国のレベルに近づく10年から20年の間が一番高い。いままさに、その段階」

- 「アメリカ・ファースト」と「中産下級のための外交政策」

→ 「ツキジデスの罠」と「キンドルバーガーの罠」

2018年6月8日～9日，カナダ・ケベック州シャルルボワにて開催されたG7サミット

15

図16

　権力移行期のこの10年ぐらいで言われた理論の一つが「ツキジデスの罠」です。これはハーバードのグレアム・アリソンが唱えた説です。

　紀元前５世紀の古代ギリシャでアテネとスパルタによるペロポネソス戦争が起こります。ここでアテネが海洋帝国として、大陸国家のスパルタに肉迫するわけですね。このアテネの急激な台頭に対して、スパルタが恐怖感を覚えた。このような、挑戦国の台頭による覇権国の恐怖感、これが戦争を不可避にしたという、これがツキジデスの書いたことで、それを今の米中関係に当てはめたときの一つの警鐘というのが、この「ツキジデスの罠」です。

　これに対して大論争が起こりました。ジョセフ・ナイは、「これは『ツキジデスの罠』ではないのではないか。『キンドルバーガーの罠』とも呼ぶべきであり、そういう罠の方が怖い」と言いました。

　「キンドルバーガーの罠」は、アメリカの経済学者で経済歴史家でもあった、チャールズ・キンドルバーガーが唱えた理論です。「第一次と第二次世界大戦の両大戦間期に、なぜああまで無残に国際秩序が崩壊していったのか。それまで覇権国であったイギリスに国際秩序を維持する意思はあった。しかし、守るものがなかった。その一方で、挑戦国のアメリカに能力はあった。しかし、意思はなかった。このギャップを埋めることができなかった。今起こっているのはまさにそれと同じことではないのか」というのが、ジョセフ・ナイがグレアム・アリソンの「ツキジデスの罠」に対して出した一つの回答です。これは今回のコロナ禍を見た場合に、そう言えるかどうか。両国ともリーダーシップの意思というものが果たして十分にあるのかどうかということも含めて、クエスチョンマークが付いていると見るべきではないかと思います。

米中の競争的共存は可能なのか

　これは、カート・キャンベルとジェイク・サリバンの写真です（図17）。これからの米中関係を律するときの一つの非常に戦略的な概念ということで、「コンペティティブ・コエグジスタンス（競争的共存）」と言っています。「共存というのは、その過程において生ずる競争、そこから生ずる問題を解決するというより、むしろ条件を管理する」ということですね。「"一回一回問題を解決しなけれ

システム（体制）間競争

カート・キャンベル（Kurt M. Campbell）＆ジェイク・サリバン（Jake Sullivan）➡「競争的共存」
- 「共存とは問題を解決するというよりむしろ条件を管理するべく競争を受け入れることを意味する」

サリバン・楊スイス会談後のホワイトハウス声明：
「責任ある競争を保証」（ensure responsible competition）

欧州の外交官：
「システミック競争はいい、しかし、システマティック競争は困る」

フレッド・バーグステン：
- 「条件付き競争的共存の成否は、中国が相互主義を受け入れ、それを守るかどうかによる」

16

図17

ば、次に行けない"ということではないのだ。マネージしていくことが重要だ」という考え方です。

　これに対して中国の方は、単にマネージではなくて、解決していこうと言っています。最近、スイスでサリバン米大統領補佐官（国家安全保障担当）と楊潔篪共産党政治局員の会談がありましたけど、その後ホワイトハウスから、「責任ある競争」を ensure（確認）していくことが重要である、との声明が出ました。「責任ある競争」という言い方をしておりますけれど、フレッド・バーグステンは、「"条件付きの競争的共存"をしていく以外にないのではないか」と言っています。ただその場合に、レシプロシティー（相互主義）が重要であり、中国とアメリカとの間に「相互主義」というようなものがお互いにある程度確認できないと、なかなか競争といっても難しいという問題提起をしています。

　それに対して、それでは結局本質的な問題解決にならないのではないかと言っているのが、マット・ポッティンジャーです**（図18）**。彼は、トランプ政権の時の NSC の東アジア局長であり、中国学者です。ポッティンジャーは、体制転換という言葉は使いませんが、中国の政治体制がこのままでは問題の解決にならな

いし、やはり体制について中国の国民に直接訴えかけていくということで、国民自身がどれだけ今の中国に異議申し立てをするかということも含めた、相互環境づくり、最後はそこに帰着するという見方ですね。

これについてどう考えればいいかというと、米ソの冷戦の時は、ジョージ・ケナンの「封じ込め政策」、つまり「最後にはソ連の体制が、自分の重みに耐えかねて崩壊していく」という出口戦略を一つのイメージとして持っていたわけですね。しかし、今の中国に対してはそうではないと言っています。少なくとも、公に打ち出す政策としてはそれを明記しない、体制転換を求めない、仕掛けない、ということですね（**図19**）。

もう一つは、「競争する」といっても、経済の生産性であるとか、産業の国際競争力、人口であるとか国力がなければ、いくら波打ち際で戦っても、持続的でない。

「A nation can be no stronger abroad than she is at home」。これは、ジョン・F・ケネディがダラスで暗殺された時に演説することにしていた草稿の中にあっ

システム（体制）間競争

マット・ポッティンジャー

- 「レーニン主義的全体主義が世界を魅了することが問題なのではない。中国のように資源があり、強い意思を持った支配者がいる場合、そうした体制はものすごい強制力を持つ。そこが問題なのである」

- 「1995年、米国の人権活動家のダイモン・リューが中国の民主主義改革を内心支持する中国政府の元高官と会った際、彼が語った言葉をリューは決して忘れない。彼は次のように言ったのだ」

"If the contest is based on interests, tyranny wins. If the contest is based on values, democracy wins."

マット・ポッティンジャー

17

図18

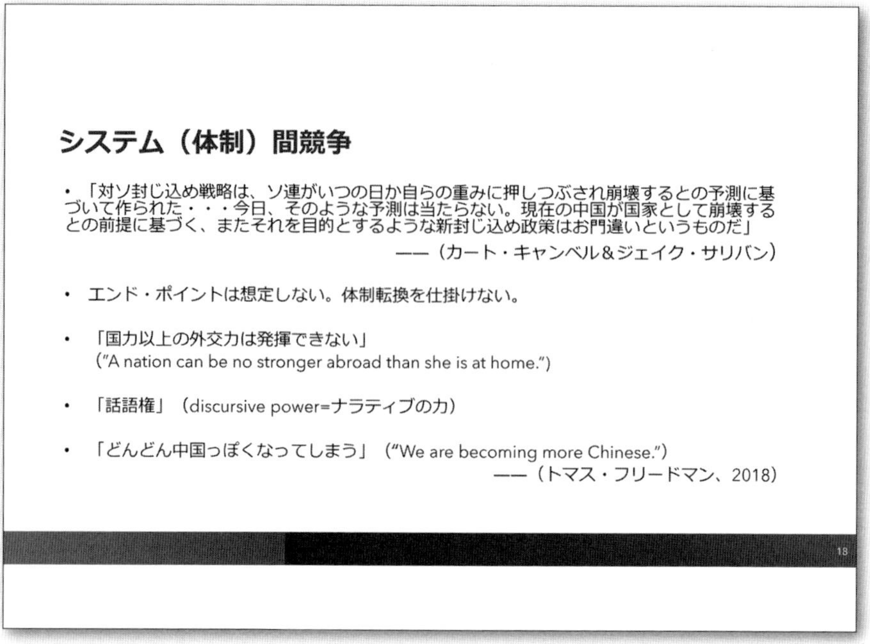

システム（体制）間競争

- 「対ソ封じ込め戦略は、ソ連がいつの日か自らの重みに押しつぶされ崩壊するとの予測に基づいて作られた・・・今日、そのような予測は当たらない。現在の中国が国家として崩壊するとの前提に基づく、またそれを目的とするような新封じ込め政策はお門違いというものだ」
  ―（カート・キャンベル＆ジェイク・サリバン）

- エンド・ポイントは想定しない。体制転換を仕掛けない。

- 「国力以上の外交力は発揮できない」
  ("A nation can be no stronger abroad than she is at home.")

- 「話語権」（discursive power=ナラティブの力）

- 「どんどん中国っぽくなってしまう」（"We are becoming more Chinese."）
  ―（トマス・フリードマン、2018）

18

図19

た言葉です。アメリカは外に武張っていくばかりでは駄目で、国力をもう一度しっかりつくることが大切であるという考え方。

　もう一つは、「話語権」という中国が習近平体制になってから使い始めている言葉です。つまり、ナラティブの力ですね。

　例えば、アメリカは米英豪の安全保障枠組み AUKUS（オーカス）など軍事的な同盟で軍拡競争をするのに対して、中国はこの AUKUS 発表の１日後に CPTPP（包括的および先進的な環太平洋連携協定）に加盟を申請しています。これによって、「中国はアメリカとは違う。平和国家であり、自由貿易を支持しています。アジア太平洋の平和と安定、これを一緒につくっていきましょう」と違いを際立たせているのですね。これは話語権の一つの攻勢だと思いますが、これからはこういったことを含めた競争になるでしょう。

　しかし、この競争の仕方を間違えると、トマス・フリードマンが「We are becoming more Chinese（やればやるほど中国っぽくなっちゃう）」と言っているように、産業政策にしても何にしても、自分たちの一番大切な価値観、自由であるとか、人権であるとか、プライバシーであるとか、言論の自由であるとか、そ

ういうことも含めて失ってしまうのではないか、と。これは、ジョージ・ケナンが冷戦の封じ込め政策を提唱したと同時に警告を発していることでもあります。ですから、そのようなことも含めた大きな課題だと見るべきでしょう。

「時の利」をどう捉えるかで戦略は変わる

この米中の競争を考えたときに、それぞれが「時間」というのを、戦略の中でどう位置付けているのかというのが、とても重要な視点ではないかと思います**(図20)**。つまり「時の利」、自分たちが待てば待つほど有利になると思うのか、待てば待つほど不利になると思うのか。

中国の習近平国家主席は「中国は今強い。世界の情勢は中国にとって大変有利である」とさまざまなところで言っています。多分、中国国内でもそう感じている層が多いでしょう。これだけ急速に豊かになりましたし、中産階級もたくさん出てきました。しかしこれは、今回の恒大の不動産危機などに見られるように、

「時の利」は米中どちらにあるのか？

19

- 習近平国家主席が2021年初め、地方幹部を前に行った演説：「世界はいま、歴史上かつて見たことのない巨大な変化のただ中にある。そして状況は、われわれに有利である」（"世界正在经历百年未有之大变局，且情况对我们有利"）
- ➤ しかし、"ピーク・チャイナ"論の登場。

- 『ランセット』は、中国は経済規模で米国を2035年までに追い抜くが、2098年には米国が再び中国を抜き返すだろう、と予測。
- ➤ しかし、米国では近年、開放的な移民政策に対する逆流が噴出している。それが続くようだと人口と経済規模を支えるポテンシャルは脅かされるだろう。

- 「米ソの双方とも時間を友とみなした、それが冷戦を熱戦にしなかった背景にある。双方とも待てば、自分に有利になると思ったから」
　　　　　　　　——ハル・ブランズ＆ジョン・ルイス・ギャディス

➡双方とも、待てば待つほど不利になるとの焦燥感に駆られる危険

19

図20

これから国進民退、国有企業がさらに優先されていくことで、「共同富裕」といったいわゆる中国流の成長と分配の好循環をやろうということですけれども、これが長期的には中国の起業家精神を弱めてしまう可能性があるかもしれない。中国は今がピークではないのかという「ピーク・チャイナ論」のような見方も出始めております。労働人口は減少に転じていますから、人口オーナス（労働人口減少に伴うマイナス）にすでに突入しているわけですね。中国自身がそれをどう見るかというのは、また別問題ですけれども。

　一方で、例えば中国の人口減が長期化するということも含めて、イギリスの医学雑誌『ランセット』は、「2098年にアメリカが中国を再びGDPで抜き返す」という大胆な予測を出しています。しかし、トランプ政権で極めてあらわになりましたが、移民規制だとか、「アメリカ・ファースト」で閉じていくようなことになると、人口、経済、GDPが相まって、ポテンシャルが弱まっていくかもしれない。「冷戦が、熱戦にならずに冷戦で終わったのは、アメリカもソ連も"時の利"は自らにあり、と見たからだ」。これは、ハル・ブランズとジョン・ルイ

・「インド太平洋」：21世紀世界地政学の天王山

図21

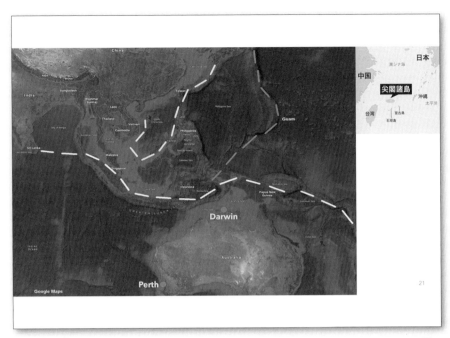

図22

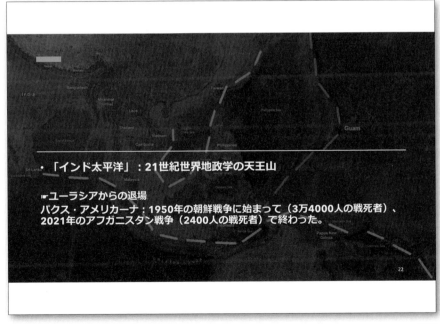

図23

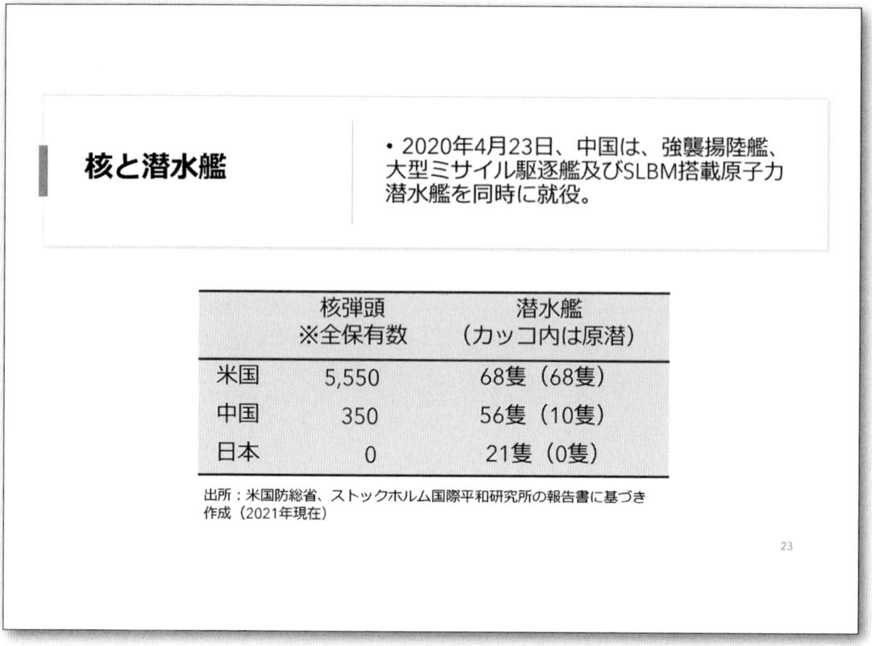

	核弾頭 ※全保有数	潜水艦 （カッコ内は原潜）
米国	5,550	68隻（68隻）
中国	350	56隻（10隻）
日本	0	21隻（0隻）

図24

ス・ギャディスの見解ですが、これもなかなか鋭い視点だと思います。そういうことに照らしてみて、アメリカと中国は、あと５年、10年を経る中で、両国が「自らに“時の利”はない」と思った時がむしろ怖いかなと、そういう感じもします。

今、この米中のグレート・ゲームが一番激しく戦われているのは、インド太平洋です。第１列島線、第２列島線、それから、オーストラリアから見たときの国防死守線というのが今、立ち現れてきたということですね。オーストラリアの西のパースでは、AUKUS で、オーストラリアがアメリカとイギリスの技術支援を受けて原子力潜水艦を造ると計画しています。もしこれが計画通りにいけば、８隻の原子力潜水艦がこのパースのスターリング基地から出航し、インド洋、南シナ海を防衛エリアとするというオーストラリアの考え方ですね。

「三四五中国包囲網」(**図25**)。これは香港の民放の記事からですが、オーストラリア、イギリス、アメリカの AUKUS３カ国、日米豪印の Quad（クアッド）４カ国、それからアングロ・サクソンのオーストラリア、ニュージーランドを含めてアメリカ、イギリス、カナダの Five Eyes５カ国、これらが重層的に、中国

"三四五中国包囲網"
Aukus
Quad
Five Eyes

モリソン首相：
米豪は「永遠のパートナーシップ（forever partnership）」

バイデン大統領：「100年以上ともに戦ってきた」のがこの米英豪

☞Aukus: 豪州の「世紀の決断」と日豪準同盟

図25

に対する抑止力の強化になっていて、中国からするとこれが新しい脅威である、と。中でも台湾が、その中で最も恐ろしい、地政学的なリスクとして立ち現れていると思います。

　アメリカと台湾との間にあるのは"台湾関係法"であって、日米安全保障条約の第５条のようなものはないわけですね。だから、アメリカに台湾の防衛義務はない。しかし、基盤的防衛力を維持するだけの防衛装備、これについては、皆が責任をもって台湾を支援してきたわけですね。ところが、台湾の蔡英文総統がCNN の記者会見で語ったように、アメリカの海兵隊がすでに台湾に常駐するというところにいよいよ入ってきている。抑止力を、今までより一段と高い段階に強める。それを明示的に行うということです。今までのアメリカの「いざというときに手を出すかどうかを曖昧にしておくことが抑止力だ」という考え方は、それだけでは不十分で、より明確にしないと、中国が誤算するリスクを高めてしまう。従って、戦略的明瞭性、これをより前面に打ち出すべきだという考え方で、いまだに議論が戦わされているところです（**図26**）。

抑止力：戦略的曖昧性と戦略的明瞭性

日米首脳会談共同声明（2020年4月17日）
「日米両国は、台湾海峡の平和と安定の重要性を強調するとともに、両岸関係の平和的解決を促す」

25

図26

効果的な抑止力の打ち出し方

　最後、日本にとっての課題についてお話ししたい。

　この台湾の問題や AUKUS も含めて、アメリカの戦略は、「統合した抑止力（Integrated Deterrence）」という考え方を出してきています。つまり、アメリカ１国だけの抑止力では不十分であり、これがトランプ政権の失敗したところであって、バイデン政権では同盟国・友好国を全部統合して、対中抑止力を強めると。ここは AUKUS が一つ象徴的というか、典型的な例だと思います。アメリカの原子力潜水艦は今68隻あるわけです。しかし、南シナ海をめぐる攻防戦で、中国はこれからどんどん増やしてくると予想されます。特に、潜水艦発射弾道ミサイル（SLBM）ですね。

　中国は空軍も投入してきますから、航空母艦「遼寧」に対する抑止というのもやはり必要であって、それには原子力潜水艦が最も効果的です。そこに、原子力潜水艦ではありませんけれども日本のそうりゅう型潜水艦なども合わせて、中国に対する抑止力を強める。より明確に抑止するということが、戦争を起こさせな

い、最も重要な力であるという考え方ですね。

抑止力：戦略的曖昧性と戦略的明瞭性

「間違いなく存立危機事態に関係してくると言ってもまたくおかしくない。日米で台湾を防衛しなければならない」
——麻生太郎副首相（2020年7月5日）

「いざというとき米国は台湾を支援する必要がないことを保証する最善の方法は、それをする用意があるとのシグナルを明確に中国に発すること」
——リチャード・ハース（Richard Haass）

「戦争を予防する唯一の道は、紛争を引き起こすことのリスクとコストに対する習近平の計算を変えることである」
——ピーター・ジェニングズ（Peter Jennings）

26

図27

　そうなってきますと、日米同盟の尖閣防衛と、それから台湾の防衛というものが連動する。自民党の麻生太郎副総裁が発言して、物議を醸しましたけれども、しかし真実を言っていると思います。存立危機事態になると、それは集団的自衛権の発動の要件ですから、そうなった場合は日本も覚悟しなければいけない時代に入ったということですね。それは、仰々しく言い立てることが抑止力になるのか、もう少し静かな方がいいと踏むのか、その辺はさまざまな対応の仕方があると思います。しかし、基本的に言えることは、尖閣で2010年に中国の漁船が日本の海上保安庁の巡視船2隻に体当たりしてきた。それを拘束するというところで、日本は法執行したわけですけれど、それに対して中国がものすごく怒って、報復してきた。民主党政権の時です。

　それから2012年のいわゆる国有化ですね。石原慎太郎都知事に不当に買われてしまうと何されるか分からないと、それを先回りして封じ込める形で、国がちゃ

緊張感漂う尖閣諸島の魚釣島（奥）付近の海域を警戒する海上保安庁の巡視船。
（2011年 6 月17日、共同）

んと日中関係をマネージする。民主党政権はそう踏んだのですけれども、中国は
石原だろうが国だろうが同じだということで、これもまたものすごい反日キャン
ペーンが中国で展開されたということがありました。

同盟におけるジレンマ

　その時にアメリカは、「日中関係において、日本があらわに中国に攻勢的な姿
勢を示すと、アメリカがそこに巻き込まれてしまう」と当時の東アジア・太平洋
担当国務次官補カート・キャンベルを通じて日本側に伝えています。つまり、同
盟におけるジレンマと言いますか、リスクですね。巻き込まれるリスクと見捨て
られるリスクの二つがありますけれども、アメリカが初めて日米同盟を維持する
中で、巻き込まれるリスクを痛感し、日本は逆にアメリカに見捨てられるリスク
を感じた。尖閣の領有権紛争が物理的な形で表現されるようになってから、この
巻き込まれるリスク、見捨てられるリスクの両方をそれぞれが感じるようになり
ました（図28）。

　安倍政権の安保法制にしても、集団的自衛権の部分的行使を可能にする憲法解
釈の変更にしても、この巻き込まれるリスクというものを受け止めるという戦略
的決断だったと思います。もはや巻き込まれるリスクから逃げ回るだけでは同盟
は成り立たない。まず自分で自分を守り、それから同盟であれば巻き込まれるリ

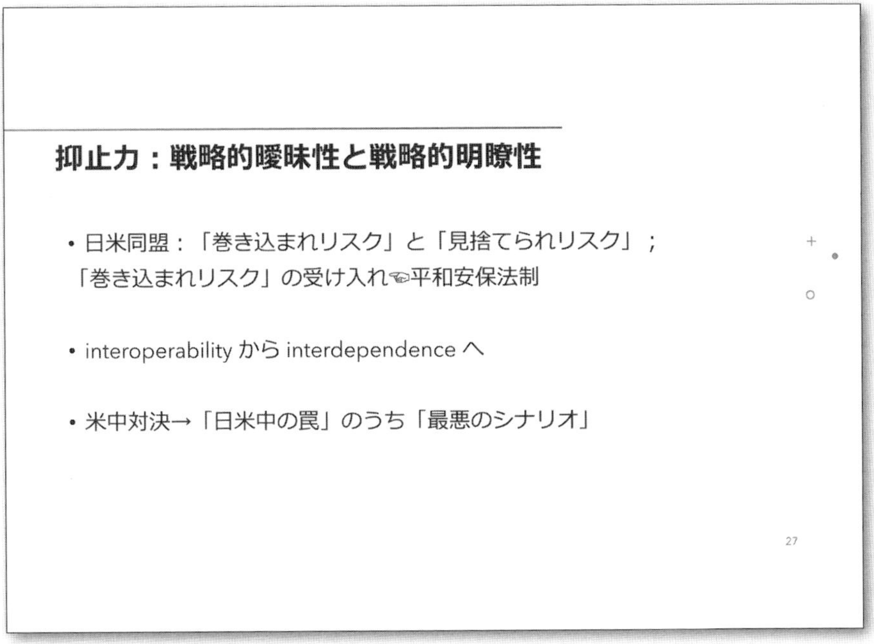

抑止力：戦略的曖昧性と戦略的明瞭性

- 日米同盟：「巻き込まれリスク」と「見捨てられリスク」；
  「巻き込まれリスク」の受け入れ☞平和安保法制

- interoperability から interdependence へ

- 米中対決→「日米中の罠」のうち「最悪のシナリオ」

27

図28

　スクもマネージすることで、これを受け入れる以外ないということだと思います。
　もう一つは、CPTPP にしても RCEP（地域的な包括的経済連携）にしてもアメリカがいない。レアアースの高品質の磁石にしても、5G（第5世代移動通信システム）にしても、半導体にしても、アメリカがいない。そういう「Absent at The Creation」の時代に入っている中で、日本はどうアメリカを補うか、あるいはアメリカを補うためだけでなく、日本としてどのような政策を打ち出して自由で開かれた持続的な国際秩序をつくり、役割を果たしていくか。つまり、アメリカと日本が相互依存的な関係になる、補完的な関係になることを含めての抑止力の強化になってくると思います。これは、今までインターオペラビリティー（相互運用性）が重要だということをずっと言ってきたわけです。1997年も、2015年のガイドラインもそうですけれども、そのインターオペラビリティーからインターディペンデンス（相互依存）へ、つまりアメリカも日本もそれぞれ欠けているところを相互に補いながら抑止力を統合して強める。それをアジア・太平洋の平和の安定の維持のために使っていく。そういう発想、そういうゲームプランが必要になってくると思います。

図29

図30

中国のCPTPP加盟は「毒まんじゅう」か?

　最後の最後に、中国がCPTPPに加盟を申請してきたことをどう考えるか（**図31、図32**）。いろいろ見ていると「中国は信用できない」という論調が非常に多いです。中国はWTO（世界貿易機関）に入って、台湾の問題であるとか、何をしてきたか。中国に、汗をかいてみんなのために自分も少しは犠牲になりながら、しかし国益にも資する形、「Enlightened self-interest（啓発された自己利益)」と言いますが、そのような国際秩序をつくるという姿は見られないですね。中国は、気に入らないとパラレルに他のものをつくろうとする。そして、自分の意のままになる国々を糾合して、既存の国際秩序に対抗しようとする。あるいは、国連がその典型ですけれども、今の国際秩序が中国にとって望ましいとなると、中国だけ特別扱いさせるようなルールへと中から変質させていってしまう。これは中国の過去30年来の寛容政策の中での一つのパターンとなっています。そのことを考えたときに、中国を入れるのは賢明かどうか、誰もが首をかしげてしまう。

　さらに意地悪く見れば、日本とアメリカの間が分断するのではないか。つまりバイデン政権は、トランプ政権とあまり変わらない。CPTPPにアメリカはもう戻らないと踏んだのだと思います。そこに、中国が入ってしまえば、中国は拒否権を持ち得ることになり、TPPは11カ国全会一致原則ですから、アメリカは二度と入れない。あるいは、そういう過程の中で、いざとなったら乗っ取ってしまって、RCEPのように圧倒的に中国本位のアーキテクチャーに変えてしまおうということかもしれません。だから「毒まんじゅう」だという見方もありますね。

　ただ、そう簡単に入れるかどうかというと、ここは敷居が高いというか、難しいところも多いと思います。トランプ政権は北米自由貿易協定（NAFTA）を、3国貿易協定（USMCA）という、新しい3国貿易協定に変えたわけですね。

　それまでのNAFTAと違うのが"ポイズン・ピル"という毒薬条項を入れたことです。それは、カナダ、メキシコが非市場国——中国のことですが——と、アメリカを除外した形で貿易協定を結んだ場合、アメリカはこれを撤退する、あるいはそういうものを排除する、という条項です。ですから、いざとなったらアメリカはこれを発動するぞということで、カナダ、メキシコに対して「絶対に中

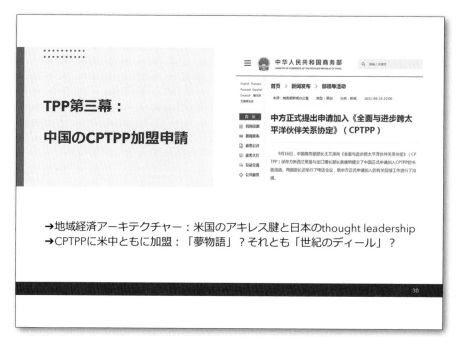

→地域経済アーキテクチャー：米国のアキレス腱と日本のthought leadership
→CPTPPに米中ともに加盟：「夢物語」？それとも「世紀のディール」？

図31

中国の「国家安全」と日本の「経済安全保障政策」

・ 国家安全の定義：「国家政権、主権、統一及び領土の完整、人民福祉、経済
社会持続可能の発展の国家重大利益を、内外ともに脅かされない状態にし、
安全状態での持続保証能力を維持すること」（政治、国土、軍事、経済、文
化、社会、科技、情報、生態、資源、核、海外利益、生物、宇宙、極地、深
海の16分野）

図32

国を入れるなよ」という圧力にも使えます。そういうことを考えたときに中国の加盟はなかなか難しい。

　補助金や国有企業の優遇であるとか、特に外国の企業にデジタルのソースコードの解除を要求することの禁止なども含めたデジタルローカリゼーションとか、そういうこと一つを取ってみても、中国がCPTPPのルールに「はい、そうですか」とはんこをつくことはなかなか考えにくいですね。中国は多角的な形での交渉というものに応じません。ASEAN（東南アジア諸国連合）も、南シナ海も、１国ずつバイラテラル。トランプ政権と同じように、全部２国間の取引に持ち込んで、そこで寄り切って一つ一つ落としていく。そうすると、CPTPPもそこで分断されていく危険性がとても高いと思います。

　しかし、少なくとも建前としては、日本は中国を「歓迎する」とまでは言わなくても、中国の申請に対して正面から向き合って、もしCPTPPのルールを中国が適用しようということであれば、それは真摯に協議をするべきだと思います。その姿を、日本だけでなくカナダ、オーストラリア、メキシコと合わせて、アメリカに示すことによって、もう一度最後のチャンスでこのCPTPPに戻るかどうかアメリカに圧力をかけるべきだと思いますね。

　イギリスがすでに加盟申請をしていますから、まずここでイギリスととことん高水準なスタンダードをつくり、それを中国にも見せる。ここまでの水準でなければ入れないということを中国にも周知徹底させる。それによって11カ国の団結も強める。これは日本にとっても非常に大きな歴史的機会だと思います。できるかどうかは分かりませんし、可能性は今の段階では非常に小さいと思いますが、しかし、そういうことも含めて日本のこのアジア太平洋での役割があるのではないかと思っています。2018年にCPTPPはサンディエゴで合意しましたが、日本はこの時に非常に高い評価を受けたわけですね。日本の最も大きな役割というのは、こういうところにあるのではないかと思っています。

　以上で私のご報告を終えたいと思います。ありがとうございました。

第 **2** 部

パネルディスカッション

コロナ後の世界秩序、米中と日本

―メディアの立ち位置を考える―

パネリスト

船橋洋一
アジア・パシフィック・イニシアティブ理事長

渡辺 靖
慶応義塾大学教授

益尾知佐子
九州大学准教授

杉田弘毅
共同通信社特別編集委員

コーディネーター

松本真由美
東京大学教養学部客員准教授

パネルディスカッション

コロナ後の世界秩序、米中と日本

―メディアの立ち位置を考える―

1. プレゼンテーション

松本 皆さん、こんにちは。本日はご参加いた
だきまして、ありがとうございます。

松本真由美氏

　本日のシンポジウムのテーマは、「コロナ後
の世界秩序、米中と日本―メディアの立ち位置
を考える―」です。米中関係の冷戦状態は、世
界の政治、経済、安全保障、外交問題に大きな
影響を与えています。明日10月31日、日本では
衆議院選挙の投開票が行われますが、経済安全
保障の議論が高まる中、日本はアメリカとの同
盟関係の強化を基本戦略としていくのでしょう
か。また、メディアは米中関係、世界秩序をどう報じていけばいいのでしょう
か。メディアの立ち位置について、本日はパネリストの方々からご意見を伺いた
いと思います。

　改めまして、基調講演をされました船橋洋一さん以外のパネリストの方々をご
紹介したいと思います。一言ずつ、自己紹介も含めてごあいさつをお願いしま
す。

渡辺 慶応義塾大学の渡辺靖です。私は1990年にアメリカの大学院で文化人類学
を研究して以来、ずっとアメリカでフィールドワークを行っています。トップダ

ウンというよりは、むしろボトムアップでアメリカを理解しようとしてきました。そういった意味では記者の方々と似ているのかなとも思います。

　本日は、アメリカの社会や内政の観点から、このテーマについて何らかの寄与ができればと思います。よろしくお願いします。

松本　続きまして、九州大学准教授の益尾知佐子さんです。よろしくお願いします。

益尾　九州大学の益尾知佐子と申します。私はずっと中国の対外政策を研究してきました。渡辺さんと少し似ているかもしれないですが、中国で、かつてはかなり自由に、いろいろな人に聞き取りをしながら研究を進めてまいりました。ただ、日中関係が厳しくなって以降、同じ手法が取れないので、最近は海洋政策などを分析する際には文献を中心に研究しております。よろしくお願いします。

松本　共同通信社特別編集委員の杉田弘毅さんです。よろしくお願いします。

杉田　私は1990年代前半からアメリカで特派員をしてきました。当時は、夕刊、朝刊、毎日毎日いろいろなニュースを追い掛けていたわけです。その頃から何となく、米中関係というのは、これから20年30年たったらどうなるのかなあと思っていました。不吉な予想とともに、それでもうまくやってくれるだろうなという楽観が相混ざっていたのですが、最近になってようやく少し落ち着いて対立の激しさを見られるようになったというところです。しかし、依然として米中関係が今後どうなるのか、きちんとした予想はついていません。今日はメディアの立場からいろいろな問題について発言させていただこうと思います。よろしくお願いします。

松本　以上のパネリストの方々とともに、これから議論してまいりたいと思います。まず、これからの進行について説明します。

　前半は船橋さん以外の方々に15分程度、それぞれのお立場から問題提起のプレゼンテーションをしていただきます。その後に、「コロナ後の世界秩序、米中と

日本」について、そしてメディアの立ち位置について、掘り下げて議論してまいります。また、会場にお越しの皆さんから事前にいただいた質問も議論に盛り込んでまいりますので、どうぞ最後までお付き合いください。

　それでは最初に、米国の社会・内政、そして広報文化外交に詳しい慶応義塾大学教授の渡辺靖さんにプレゼンテーションをしていただきます。

民主主義と「中国モデル」

渡辺　私はアメリカ研究をしていますが、たまたま4年前に北京大学で客員教授をしておりまして、ちょうどトランプが訪中をした頃だったので民主主義についていろいろ議論をしました。

　その時に、中国側から言われて特に印象的だったのは「民主主義では、政治家は次の選挙でどう勝つかという目先のことしか考えないだろう」ということでした。つまり、中長期的なスパンで国益を考えることができないじゃないか、と。時と

渡辺 靖氏

して、いわゆる世論に迎合した極端にポピュリズムの政策が出てきて、それが外交とか安全保障といった問題にも影響を与えるだろう。「トランプ現象を見てみろ」とか、「ブレグジットを見てみろ」というような話が出てまいりました。

　あと、「民主主義というのは党派対立とか、あるいは党内対立というのがひどくて、意思決定というのがなかなか進まない」とも言われました。しかも、決まったとしても、それをうまく実行できない。それに比べると中国は優れている、というような話ですね。

　確かに、アメリカの場合も、この党内対立というのは、皆さんにあえてお話するまでもないぐらい深刻化しております。

　昨年（2020年）のちょうど今頃、シカゴのシンクタンクが民主党と共和党、両党の支持者に、「アメリカにとって、今後10年の最大の課題は何か？」と聞きました。民主党支持者は、人権、コロナ、環境問題、格差という話が並ぶわけですけれども、共和党支持者は、中国、テロ、イランという話が並ぶわけですね。ア

ジョージ・フロイド氏の死をめぐる抗議集会。
(2020年 5 月、PPI via ZUMA Wire／共同通信イメージズ)

メリカの場合は、政権交代が 4 年から 8 年、12年ぐらいで行われることが比較的多いですから、そうなるとこれだけプライオリティーの置き方が違う政党が何年かごとに政権を交代すると、国家全体としての中長期的な戦略的な意思を継続することが非常に困難になってくるわけです。ここも中国からすると、「中国モデルに利あり」というふうに考えていた節があるかと思います。

リベラル国際秩序の弱点

　また、「コロナ」という危機が起きて、さすがにこの対立分断状況というのも収まるのではないかという期待もあったのですが、ふたを開けてみるとそうではないというのは皆さんご案内の通りです。

　こういった「アメリカン・モデル」というのが大きく疑問を呈されて揺らいでいるという現実は受け止めなければいけないでしょう。そしてまた、アメリカがつくり上げた国際秩序——それをリベラル国際秩序という言い方もしますけれども——これについても中国のみならず、いわゆる権威主義体制の国からさまざまな批判があります。「これまでだってアメリカは中東とかアジア、中南米を含めて、実際に民主主義とは到底いえないような国家や政権をリアルポリティックの観点から支持した経緯があるじゃないか」という批判や、そもそもこのアメリカが他国に対して求めている理想に対して、アメリカ自身が追い付いているのかという批判。ジョージ・フロイドの事件、あるいは議会を襲撃したような、あの映像を見ると、とてもアメリカが今世界に向けて「リベラル国際秩序」なんてことを言えた柄ではないのではないかという批判も高まってきていると思います。

　それから、これは益尾さんのご専門だと思いますけれども、香港や新疆ウイグル自治区における中国の対応について批判がありますが、アメリカが先住民族に対して行ったすさまじい同化政策に比べれば決して極端なものではないのではな

いかという声。あるいは、中国の南シナ海進出というのも、19世紀末のアメリカのカリブ海進出とそう変わらないのではないか。今の国際事情というのは欧米中心でつくられているのではないか。むしろ中国がしていることは、それを民主化しようとしているのだというようなロジックがあります。それは一つ一つを取り上げればいろいろと反論もしたくはなりますが、ヨーロッパも日本も、かつての帝国主義の時代とかを振り返ってみるとさまざまな矛盾を抱えているわけです。権威主義の国というのは、中国も含めて、そこを突いて自分たちの話語権を確立しようとしてきています。

先ほど、広報文化外交、つまりパブリック・ディプロマシーを専門にしているとご紹介いただきましたけれども、その立場から思うに、今この「リベラル国際秩序」に求められているのは、権威主義からのこの秩序に対する批判に対して、どういうロジックで、このリベラル民主主義、あるいはリベラル国際秩序の訴求力を維持していくかということが、このソフトパワーとかパブリック・ディプロマシーに関心を持つ私にとっては、とても重大な項目になっております。

また、民主主義国の中でも、いわゆる非リベラルな言動が強くなってきている面があります。そういった人たちに対して、いかに説得力のあるロジックを示していけるかということが、より重い意味を持つのではないかと思います。

この手の話をすると、いつもだいたい「民主主義というのはいろいろ問題もあるけれども、他の政治体制よりは優れているのだ」という、チャーチルの言葉が出てきます。私もそう思いますけれども、しかしチャーチルを引用して終わるのではなくて、具体的にそれはどういう点でそう言えるのかということを確認して、それを打ち出していくという意識的な努力が、必要な段階に今は来ているのではないかと思います。それが1点目です。

バイデン政権になったことによる変化

研究者として、今のアメリカ、特にトランプからバイデンに代わったアメリカをどう見ているか、何が変わったかという話について、個人の立場で言えば、バイデン政権になって朝ゆっくり寝られるようになった、あまり大きなサプライズが無くなった、ということはあるかと思います。

　しかし、この5、6年、あるいは7、8年ぐらいの動向を見ていると、アメリカの中で起きているマクロな潮流というのは依然続いていると思います。要するに、民主党、あるいは共和党の中でも、中道派といわれる人たち（それを主流派、エリート、エスタブリッシュメントといってもいいですけれども）、それにあらがう反エリート主義としてのポピュリズムが左右両方から高まっている。この潮流自体というのは変わっていないと思います。

　民主党では旧新左派がまだ勢いを維持していると思いますし、それから共和党内では右派、トランプ派といってもいいですけれども、そこに勢いがある。いわゆる民主党左派、いわゆるサンダース左派といわれている人たちと、この共和党の右派、トランプ派という人たちというのはまさに両極ですから、水と油の面はたくさんあります。しかし、どちらもこのグローバリズムに関する批判懸念という点は共有しています。

　もう少し言うと、いわゆる新自由主義に対して、まあそういったものを進めてきたのがグローバリスト（中道派）であって、そのせいでアメリカというのは国内で疲弊して、ミドルクラスが犠牲になっている。そういう感覚は共有していると思います。もちろんこれはアメリカだけではなくて、ヨーロッパ、それから日本も含めて広く先進国の間で「リベラル疲れ」「グローバリズム疲れ」は共有していると思います。けれども、アメリカにおいては、それがとても顕著だということですね。

　バイデン自身は、もちろん民主党の中道派に位置するわけですが、バイデンが政権を担うということで、トランプ時代にはちょっと元気のなかったメインストリームのシンクタンクとか、雑誌というのも少し元気にはなってきている印象は受けます。しかし、バイデン政権になっても、この左右のポピュリズムの制約を受けた中で、政策面を迫られているという点は変わらないと思います。バイデンが内政面で掲げている「ビルド・バック・ベター」とか「バイ・アメリカン」とか、あるいは「ミドルクラス外交」とか、そういう言葉は見方によっては、少し装いをマイルドにしたアメリカ第一主義、トランプイズムというふうに言えなくもない面もあるわけです。

　そして、先ほどの船橋さんのお話にもあったように、対中強硬姿勢を継承している点も変わらないと思います。「民主主義」対「専制主義」という言い方をし

ていますが、これもトランプ時代に、ポンペオがニクソン・ライブラリーで演説した図式と変わらないですね。つまり、ポンペオの演説では、「米中の問題というのは、もう個々の政策の問題ではなくてイデオロギーの問題だ。あるいは体制の問題だ」と言っていました。バイデンもそういった図式、認識を継承していると言える。内政的には、この対中強硬姿勢を掲げることは、国内のアジェンダを進める上でも、決して悪い話ではありません。今年のバイデンの議会演説などを見ても、国内のいろいろなインフラの法案を通す時に、中国の話をして、「このままだと中国に負ける。だからこのインフラの法案を通さなきゃいけない」というように中国を引き合いに出していくという意味では、トランプよりもむしろより一歩踏み込んでいる気もしました。

また、イデオロギーの論争に持ち込むということで、ヨーロッパからの支持も得やすくなるという計算もあるかもしれません。ただ、バイデン外交を見ているとトランプ時代とは違っている面も多々あります。これは船橋さんのお話にもありましたけれども、いわゆる「アメリカ・アローン」ではなくて、同盟国とか同志国と連携をして、言ってみれば「スクラムを組んで」という姿勢をより強く感じます。それが、Quad であり、AUKUS ですね。あと民主主義サミット、そういったものにも前向きだと思いますし、日本とか ASEAN との関係強化とか、至るところにその姿勢は見えています。

アメリカが日本に対して望むこと

「アメリカが日本に対して何を望んでいるのか」ということも、よく聞かれます。私が理解している範囲だと、やはり日本と連携したい。経済安全保障に関わる先端技術などでの共同開発とか、あるいは衛星情報の共有だとか、途上国のインフラ支援とか、そういったことは日本でも比較的理解が得やすいだろうとアメリカも思っているでしょう。

そしてまた、さらに言えば防衛費の増額とか、それから敵基地攻撃能力については、人によっては「そんな大々的なことをやると莫大な時間とエネルギーとコストが掛かるので、そこまでは日本に望んでいない」と言う人もいれば、「それよりはむしろこの中距離ミサイルのような物の方が望ましい」と言う人もいて、

ニュアンスがちょっと違う、いろいろなバリエーションがあるのかなと思います。けれども、日本にとって、これはやはり専守防衛の問題とも絡めて、国内で難しい判断を迫られるのかなと思います。

　全体としては、先ほどの船橋さんの最後のお話に私も同感で、これまでは日本はアメリカに何々されるとかですね、そういう受け身の姿勢で日米関係なり国際関係というのを見てきたと思います。しかし、自由で開かれたインド太平洋構想ということでイニシアチブを発揮したように、あえてリベラルな国際秩序という理想を守るためのリアリズムというのが、これから日本において求められているのではないかと思います。

　ここで終わりたいと思います。ありがとうございました。

松本　ありがとうございました。渡辺さんは、国家戦略としては「中国モデルに利あり」と冒頭お話されましたが、中長期戦略は長い目で考えて練ることの重要性や、短期的な選挙戦略ではだめだといったお話をしていただきました。また、米国の社会的分断とその外交的余波、また受け身の姿勢だった日本として留意すべき点などについても、詳しくお話しいただきました。

　続きまして、国際関係論がご専門で、現代中国の政治外交に詳しい九州大学准教授の益尾知佐子さんです。「習近平体制が変える国際秩序」について、プレゼンテーションしていただきます。よろしくお願いします。

習近平体制の行方

増尾知佐子氏

益尾　どうもありがとうございます。すでに船橋さんも渡辺さんも、中国の政策についてご紹介くださいましたので、これ以上私が何を付け加えるという感じではありますが、私からは習近平体制が現在何を考えていて、どういう方向に進もうとしているかを復習させていただいて、次のパネルディスカッションの土台にさせていただきたいと思います。

習近平体制が
変える国際秩序

2021年10月30日
公益財団法人新聞通信調査会主催シンポジウム

益尾知佐子（九州大学大学院 比較社会文化研究院）

図1

内容

1. 習近平体制の安定性
2. 習近平のガバナンス
3. 国際社会の反作用
4. 国際的な対立はどこまで広がるか

図2

本日の内容は、ここにあるように4段階でいきます**（図2）**。

　まず現状の確認、その次に習近平のガバナンスの状態を確認しながら、どちら
の方向に向かっているのかという方向性を見ていく。そして、中国が、国際社会
の反応をどう考えているのかということをお話しして、最後に多少私なりの分析
を付け加えさせていただきたいと思っております。

　まず、現在の習近平、中国政治の現状確認です。私は、習近平体制は非常に安
定していると思っております。これはコロナが習近平にもたらしてくれた幸運
を、彼がしっかりとつかんだせいであると思います**（図3）**。

　習近平体制は、2012年に彼が中国共産党の総書記になり、それから政権固めが
続いてきました。彼の政権運営の特徴は、その共産党の権力を強めていくという
ことです。中国には、もちろん政府があって、国務院が中国政府として全体的な
行政を運営しています。習近平はそれに対する党の指導というのを強めるような
形で、自分の意思が中国の隅々に貫徹できるような体制づくりを進めてきまし
た。それを行う上での最大のリソースになったのは、「人民の彼に対する支持」

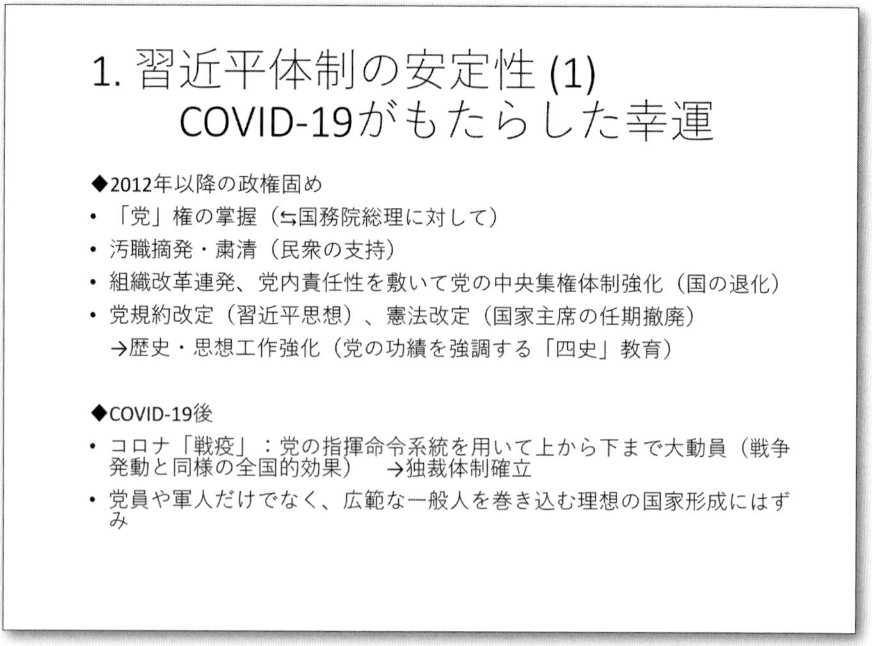

---

1. 習近平体制の安定性 (1)
COVID-19がもたらした幸運

◆2012年以降の政権固め
- 「党」権の掌握（⇆国務院総理に対して）
- 汚職摘発・粛清（民衆の支持）
- 組織改革連発、党内責任性を敷いて党の中央集権体制強化（国の退化）
- 党規約改定（習近平思想）、憲法改定（国家主席の任期撤廃）
  →歴史・思想工作強化（党の功績を強調する「四史」教育）

◆COVID-19後
- コロナ「戦疫」：党の指揮命令系統を用いて上から下まで大動員（戦争発動と同様の全国的効果）　→独裁体制確立
- 党員や軍人だけでなく、広範な一般人を巻き込む理想の国家形成にはずみ

図3

です。例えば私たちは昔、「小泉劇場」というのを見せられたことがありましたが、そのアップグレード版といいますか、習近平はテレビのようなメディアをうまく使いながら民衆の支持を獲得していきました。次々と党の汚職幹部を捕まえて、その人たちに重い罰を加える。民衆からすると、今まですごく威張っていた党幹部たちが、うなだれて白髪で裁判にかけられ、しょぼんとしている様子を見るのが楽しくて仕方がない。そういう形で、習近平は自分を「暴れん坊将軍」のように庶民にアピールして、絶大な支持を獲得していきました。

　彼のそういう政権運営の中で、政府の存在感というのはどんどん退化していきました。国務院を掌握しているはずの李克強 総理は、存在感がとても薄い総理になりました。習近平は党規約の改定を行い、習近平思想というものを前面に打ち出して、憲法の改正を行って国家主席の任期を撤廃していきました。

　また彼は、党の組織を使って、中国全体の歴史や思想工作の強化も行っています。党の功績を強調する「四史」、つまり党史、新中国史、改革開放史、社会主義発展史を称揚するという、とても歴史重視な総書記なんです。そういうことをずっとやってきて、そこにコロナが発生した。

　このコロナというのは、中国史において非常に大きな意味を持つと私は思っています。中国ではコロナとの戦いは「戦疫」（zhàn yì／ジャンイー）と呼ばれました。これはミリタリーオペレーションを意味する戦役と同じ発音で、もちろんそれにかけているわけです。

　中国では、毛沢東とか鄧小平は戦争を発動することによって、権力者としての自分の地位を固めていきました。軍事を動員するわけですから、その最高指導者の命令が軍の隅々に行き渡る。政府組織も当然それによって動員されますし、ナショナリズムも高まりますよね。しかし、その後の指導者は、中国が平和な時代に突入したので同じ条件が得られなかったのです。コロナは、それを習近平に提供したということになります。コロナでは、彼はコミュニティーレベルに至るまで大動員をかけ、中国全体を指揮下に置きました。党員とか軍人だけでなく広範な一般人をも巻き込んだ理想の国家形成に、習近平はこのコロナとの戦いによって挑むことができるようになったと考えます。

　習近平は現在、中国人民の唯一無二の人民指導者という非常に安定した政権運営を行っていると思います **（図4）**。彼はコロナ後に「中国モデル」というのを

1. 習近平体制の安定性 (2)
唯一無二の人民指導者へ

◆中国モデルの肯定（「共産党体制こそが中国の優位性」）
- 党の力でCOVID-19封じ込め（国家全体の共産党化）
- 安全で豊かで美しい国づくり
- 科学技術とのタイアップ（世界一の便利さ追求）

◆歴史・思想教育の貫徹（赤い遺伝子）
◆徹底的な少数民族改造（標準中国語、幼児への思想教育、収容所）
◆スマホを通したデジタル個人監視（電子マネー情報も）
◆国境の外へと広がるグローバルな監視体制（宇宙技術）
◆武装力は党中央が一手に掌握、社区に浸透する警察力

→ 「抵抗」が一般人の選択肢にならない強権体制
　　習近平の目の黒い間は安定的に継続する可能性が高い

図4

2.習近平のガバナンス(1)
「よき皇帝」の善政めざす

◆最終目標
　世界革命　→「中華民族の偉大な復興という"中国の夢"」

◆習近平の理想に依拠した国づくり
- 尊敬される中国、尊敬される指導者をめざす
　　5月31日中央政治局集団学習「信頼され愛され尊敬される中国」指示
- 独特の歴史認識／世界観、古風な理想、科学信仰に基づき推進
- 中国が信じる国境と海上境界の中を、党の意思で画一統治
- 市場経済は有用だが要修正（反グローバリズムへの賛同）

→ 強大な単一国家の「よき皇帝」として理想的統治体制の構築に励む
　　（中国史とマルクス主義に関心、西側民主主義のバックグラウンドなし）

図5

強調するようになってきました。「党の力でコロナを封じ込めた」と言っていますし、安全で豊かで美しい国づくりを進めています。それを科学技術とのタイアップによって実現していこうとしています。

　ご存じのように、中国の監視体制は非常に強まっていますので、これだけ習近平の権威が強くなってしまうと、それに反対するのは容易ではありません。習近平の目の黒い間は、彼の政治は安定的に運営していける可能性が非常に高い、そういう状態です。

「よき皇帝」が目指す国づくり

　習近平が目指すところについて **（図5）**。日本では習近平について「こんなに悪い人だ」というように報道されるのですが、実は中国の人たちはそう捉えていないのです。嫌なところはあるけれども理解できるし、全体としては間違っていない気がする、というのが大方の感想だと思います。

　それというのも、習近平は、良いガバナンスを目指すということをすごく追求している人なんですね。「クリーンでグリーンな中国を目指す」と非常にはっきり言いますし、それを実行していくわけです。昔、中国共産党は最終目標を「世界革命」と言っていましたが、習近平はその目標を「中華民族の偉大な復興」という中国の夢に書き換えました。それに向けて党全体を動かしていくという状態です。

　詳しく申し上げるには時間が足りないですけれども、単純に言うと、彼の理想に依拠した国づくりを行い、中国が信じている国境と海上境界の内側を、党の意思によって画一的に統治するということを進めています。私の中では、強大な単一国家のよき皇帝として振る舞おうとしている印象が強いです。彼は元々そういうふうに進めていたんですが、コロナ後はその潮流が完全に定着したということですね。

　中国の政治文化の中では家父長の権限が非常に強く、その伝統社会の理想的な家父長の姿に習近平は非常に近いです **（図6）**。やり手で怖くて、逆らうと何をされるか分からない、だからこそみんな従わないといけない。これは、伝統文化を非常にうまく使った統治だと思います。

2.習近平のガバナンス(2)
「潮流」の定着に成功

◆個人崇拝と国内政治体制
- 中国の政治文化の中では、家父長の権限は強い
- やり手の家父長はコワモテで独裁的
- そうした家父長が国家全体の権限を掌握すれば、それに取り入ろうとする巨大な社会潮流が形成される
- その意味で、今の中国国内社会は文化大革命と似た状況（機会主義者）

◆中国人（漢族主流派）から世界を見ると...
- 勝者である中国共産党（漢族ベース）がすべてを決める国内体制
　　　→ 中国人の認識を介して対外行動で具現化（中国人はリアリスト）
　　　「中国は平和的だが、それが理解できない野蛮人には力を行使できる」
　　　「他国は強大になった中国の意見をもっと尊重すべき」
- 自国民を統治する視線で世界を眺める　→ 内外で強硬策（戦狼外交）

図6

　中国の場合、そういった家父長が国家全体の権限を掌握すれば、それに取り入ろうとする強大な社会潮流が形成されて、それに誰も逆らえなくなるというのを彼は非常によく理解している。今の中国の国内社会は、その意味では文化大革命と非常によく似た、習近平に対するリスペクトが高まっている状態、リスペクトを示さなければいけない状態ということになります。

　中国の対外的なアプローチというのは、そういう中国国内の国際社会への理解に基づいているのだと私は考えております。中国人はリアリストです。中国国内では、漢族の主流派の人たちが全てを決めてしまえる。それを代表して采配しているのが習近平や政府です。漢族の社会認識、世界認識を基に国内体制が運営されています。中国人は、「中国は大きい国になってきたのだから、国際社会も中国の考え方をリスペクトすべきだ」と考えているわけですよね。中国は平和的だけれども、それが理解できない野蛮人には多少力を行使できるというふうな認識はかなり一般的だと思いますし、他国は強大になった中国の意見をもっと尊重すべきだと考えていると思います。

　ここで戦狼外交についてですが、私自身は、これはある種、中国の大衆を喜ば

せる一種の政治ショーだと思っています。習近平は最高指導者なので汚いことを言えない。それを言って大衆を喜ばせている汚れ役が、外交官の趙立堅だと思います。彼がなんであれだけ世界を騒がせていて、まだあのポジションに留まり続けていられるのかというのは、当然それは習近平が彼に満足しているからですよね。そういう、ある種の分業体制が中国の中にあって、それを中国の大衆が見て喜んでいるからこそ、中国はああいう言動を行っていると思います。

家父長的な手法で画一的に統治

そういう習近平の政権運営の下で、中国は**図7**に書いてあるようなことを行ってきました。中国国内を画一的に統治するというのが彼のコンセプトなので、それに反する勢力には罰を与えていくという家父長的な方法を取っています。

これらは、私も言っていてかなりモヤモヤするところがあるのですが、いずれも中国の国内ロジックでは正当だとみなされています。そういう言説が中国の中

---

3. 国際社会の反作用 (1)
中国国内政治が国際凝集力に

◆歴史と領土
- 台湾海峡
- ヒマラヤ山脈（中印国境）、南シナ海、尖閣

◆価値（人権、民主主義、国際法）
- ウイグル弾圧、その他の少数民族も改造対象
- 香港（一国両制の国際約束をほごにして民主派弾圧）
- 外国人の学者・ジャーナリストの拘束、中国国内法による処分

◆グローバルな安全保障
- 軍事（解放軍と海警の拡張、宇宙・サイバーでも）
- 医療衛生（COVID-19発生源調査すら事実上拒否）
- 経済（民間への介入拡大、政治的操作によるサプライチェーン断絶）

- いずれも中国の国内ロジックでは「正当」
- だが国際的には対中警戒の急激な高まり招く（歴史的な2020年）

図7

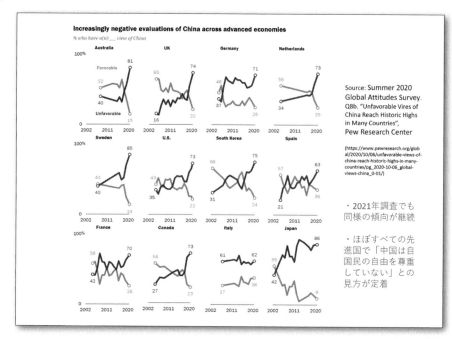

図 8

では非常に一般的なわけですね。ただもちろん、このロジックを国際的に押し広げて展開しようとしたことで、対中警戒の急激な高まりを招いたのが2020年でした。

　図 8 は有名なので、とくにご紹介する必要もないかもしれないですが、ピュー・リサーチ・センターが中国に関して先進国で行った世論調査です。

　2020年に、中国を非常に警戒すべきだと考える、中国に対して親しみを持てないと考える人が、世界的に非常に増えたことが裏付けられています。今年の調査でも同じような傾向が継続していまして、ほぼ全ての先進国で中国は自国民の自由を尊重していないという見方が強まっています。

　ただ、中国自身はこういう結果を意図して、国際的な言動を取っていたわけではないです。

　ご存じの通り、中国に対して、とくに西側世界では国際連携が高まっております（**図 9**）。それに対して中国はそれへの反作用を打ち出してきております。まあ反々作用ということになると思うのですけれども。現在のアメリカのお仲間主義みたいなものを批判したり、あるいは先進国の分断を狙おうとしていると思い

3. 国際社会の反作用 (2)
中国を念頭に置いた連携深化

◆バイデン米大統領就任後、高まる国際連携の機運（海域中心）
- ヨーロッパ諸国の東アジアへの関与拡大
- QUAD実質化、経済安保重視、2021年に首脳会談の定例化で合意
- AUKUS発足　「ポスト冷戦」時代の新同盟（時代区分？）
- EUが初のインド太平洋戦略（台湾との関係重視）
- *ASEAN Outlook on the Indo-Pacific* (2019)にも新版を求める意見が

◆中国の反反作用
- 米の「お仲間主義（小圏子）」アプローチ批判、 先進国の分断狙う
- 「内政不干渉」で反発（実際は「平等互恵」や「相互不可侵」軽視）
- 国際的なプロパガンダ戦略を展開し、自国の勢力圏確保を目指すのでは
　　ユーラシア大陸中央部に、米が関与できない"Autocratic Peace Zone"出現？

図9

ます。中国の認識の中では西側諸国の反応というのが、2021年になってから急激に出てきたと思っていますので、彼らはこれを自分のせいだとは解釈していないのです。専門家は知っていると思いますが、大方の人、また専門家の中でもかなり多くの人たちが、アメリカの宣伝（パブリック・ディプロマシー）のせいで、西側諸国がアメリカに引きずられていると認識していると私は思います。

　中国に急に強い態度に出てきた先進国に対して、中国は多少分断を狙ってみたりとか、内政不干渉と述べて反発をしたりしているところです。今後、国際的なプロパガンダ戦略を中国自身も打ち出していかなければならないと考えていますし、中国自身も国際的に孤立することは望んでいません。自分たちは良い人だと思っているので、良い人には当然仲間が付いてくるべきだと考えているわけです。

　多分今後は、その「仲間の開拓」をやっていくと思います。インド太平洋は中国に対する警戒心が高いエリアですので、中国にとっては、どちらかというとユーラシア大陸の中央部の方が安心できるエリアということになっていく。大国の墓場として有名なアフガニスタンに出るべきか、出ざるべきか、というのが、現

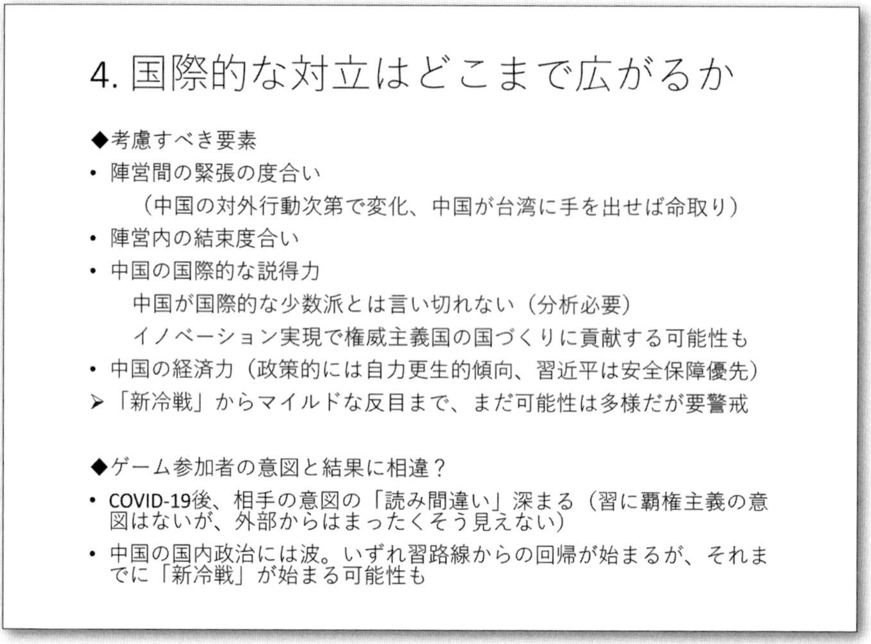

4. 国際的な対立はどこまで広がるか

◆考慮すべき要素
- 陣営間の緊張の度合い
   （中国の対外行動次第で変化、中国が台湾に手を出せば命取り）
- 陣営内の結束度合い
- 中国の国際的な説得力
   中国が国際的な少数派とは言い切れない（分析必要）
   イノベーション実現で権威主義国の国づくりに貢献する可能性も
- 中国の経済力（政策的には自力更生的傾向、習近平は安全保障優先）
- ➢ 「新冷戦」からマイルドな反目まで、まだ可能性は多様だが要警戒

◆ゲーム参加者の意図と結果に相違？
- COVID-19後、相手の意図の「読み間違い」深まる（習に覇権主義の意図はないが、外部からはまったくそう見えない）
- 中国の国内政治には波。いずれ習路線からの回帰が始まるが、それまでに「新冷戦」が始まる可能性も

図10

　在中国が悩んでいるところだと思います。ただ、それを安定させられれば、南アジアと中央アジアをつなげることができるので、中国にとって非常に安全な勢力圏、お友達圏ができていくということになります。

　時間が無くなってしまいましたけれども、この後のディスカッションで多少続けていきたいと思います。どうもありがとうございました。

松本　益尾さん、ありがとうございました。益尾さんからは、中国の習近平体制について伺いました。内政においては民衆が認めており、国際的な反作用はあるものの、内政的には善き皇帝で善政を目指し、その定着に成功しているといったお話をしていただきました。

　続きまして、共同通信社特別編集委員の杉田弘毅さんにメディアの立場からプレゼンテーションしていただきます。よろしくお願いします。

対中感情にメディアが与える影響

杉田　はい、よろしくお願いします。米中対立と
メディアということでお話しさせていただきます
が、ご存じの通り、対中感情は日本においてもア
メリカにおいても大変悪化しています。

杉田弘毅氏

　先ほど益尾さんからご紹介があったように、ピ
ュー・リサーチ・センターが2021年に行った対中
感情についての調査では、アメリカにおいて劇的
に悪化しました。今、約67％が中国に対して悪い
感情を持っている。これは、３年前は46％でし
た。しかも「非常に悪い」というのが、47％。これも３年前は23％だったので、
倍増ですね。

　同じように日本においても、９割近くの人が中国に対して悪い感情を持ってい
るそうです。一方、米中対立ということですので、日本人はアメリカのことをど
う思っているか、「アメリカに親しみを持ちますか」と聞くと、内閣府の調査で
は、常に大体８割前後が「親しみがある」と答えている。トランプさんが大統領
だった時は、やっぱりアメリカに対して疑問が生まれたということで、78％くら
いになったのですが、それが最近はまた少し改善してきているということだと思
います。

　1980年代の日本人の対米感情というのは、経済摩擦などいろいろなことがあっ
て、８割を切ったりしているわけですけれども、それが1990年代から2000年代に
かけて、どんどん回復しているわけです。特にオバマ大統領の時代は、大統領の
広島訪問などがあって非常に良くなったのですが、しかしアメリカに対しては大
体一定している。面白いのは、「アメリカに対する親近感」というと、年によっ
ては３割くらいの日本人が「あまり親しみを感じていない」と答える場合がある
のですが、「国際関係において日米関係は重要か」と聞くと、親近感が落ちたト
ランプ時代であっても、98％前後が「アメリカは非常に重要な国だ」と言ってい
ます。

　まとめると、ここで浮かび上がるのは、中国に対する反感が一貫して増えてい

るということ。アメリカに対しては親しみを感じつつ、それ以上にアメリカに対する同盟関係が非常に重要だと思っているということだと思います。

　コロナ時代に入って中国の対日感情というのが非常に悪くなっています。コロナの前には中国人の対日感情は日本人の対中感情よりも比較的高いレベル、つまり親しみが高かった。その理由の一つには、要するにインバウンドで日本にたくさんの観光客が来て、日本を体験することによって、「日本はいい国である」という好感情を SNS で中国国内に伝え、それが拡散されていたという分析があります。

　ところが、コロナになってインバウンド観光客の日本入国がなくなったので、その分自らの体験や知人からの SNS 情報でなく、いわゆる官製メディアに頼って日本を見ることになりました。中国の官製メディアは、日本に対してあまりいいことを書かないので、結局メディアの対日論がダイレクトに中国人の対日感情に反映されてしまっているという分析です。

　これは、アメリカに対しても同じことが言えまして、これもピュー・リサーチ・センターの調査ですが、アメリカ人でニュースをよく見るという人、すなわちメディアをよく見ているという方々は、「中国」といえば人権の問題とか、政治的な束縛とか、軍事拡張主義の問題、こういったものをすぐに連想する。しかし、ニュースを見ない人は「中国」といって何を想起するかというと、例えば万里の長城や中国料理、いうなれば自分の知っている、あるいは自分が体感したことのある中国を見る。そうすると比較的、対中感情が悪化しないというわけです。

現実主義でありつつ複雑な関係性も見通す

　メディアの役割ということで幾つかお話をすると、一つは何と言っても現実主義というか、現実を見た上での報道が重要であるということ。ここにおいては、例えば、どちらが悪いとか善いとか、こういったある立場に立った上での報道はあり得るのですが、現実の流れを見失う可能性があると思います。

　そもそも、われわれは自由で開かれた世界、これが一番よいと思っているし、民主主義が広がればよいと信じてそのために行動しているわけですけれども、ど

うも世界の潮流はそうではない。そうした現実を冷静に見た上での判断が基本になると思います。

　それから二つ目は、やっぱり経済界の複雑な関係性を見る必要があると思います。アメリカの商務省に、中国の企業に対する先端技術の輸出をコントロールしている産業安全保障局（BIS）という機関があって、中国の通信機器大手、華為技術（ファーウエイ）や半導体受託製造大手の中芯国際集成電路製造（SMIC）などに対してアメリカ企業は何を輸出していいかを決めています。10月21日に公表された報告書によると、BIS はファーウエイに対して過去半年間で7兆円分の輸出を許可している。これはなかなか大きな額だと感じます。

　それから今、台湾の半導体企業に対抗して、中国の大陸の方で政府が補助金を出して育てている SMIC。ここにもこの同じ時期に5兆円分の輸出を認めている。

　これを暴露したのが共和党のグループであり、非常に立腹して、いろいろなところに圧力をかけているわけです。

　それから、アメリカの金融大手が中国において、完全子会社化した投資銀行などを運営することが認められています。また米国の大手資産運用会社、ブラックロックという企業などは、対中投資を増やすように、顧客へアドバイスをしているというわけです。

　こういった経済界、金融界、あるいは先端技術の動きをもってしても、米中対立がないというわけではなく、米中対立は明らかに深まり、加速する一方だと思います。

複雑な国際状況をかみ砕いて表現

　先ほど船橋さんのお話にもありましたけれども、デカプリングはかなり選択的に行われるような状況になってくると思います。単純に米中二極の切り離された二つの世界ができあがるということでもないのだろうと思います。

　こういった、ちょっと複雑な見方というのが、われわれ日本のメディアは実は得意ではありません。歴史を振り返ってみても、例えば「ベトナム戦争はなんだったのか」という議論が今でもあると思いますが、民族解放だったのか、あるいは競争、北ベトナムによる南の合併吸収だったのか──結果としてはやっぱり合

併吸収だったわけですけども——民族解放という非常に理想化したメディア報道が一般的だったのではないかと思います。これは、例えば「今のアフガニスタンにおけるタリバンをどう評価するか」にも通じる話です。タリバンとは、女性の人権からすると完全な悪（evil）でありますが、しかし、国家を統治したタリバン政府と国際社会は付き合っていかなければいけない。この状況をどうやってかみ砕いて表現していくかがメディアの一つのチャレンジだと思います。

あともう一つは、日本のどのメディアも理想論を語るべきではありますが、私はやっぱりメディアというのはナショナリズムの枠を意識せざるを得ないという限界があると思います。インターナショナルとか、ユニバーサルではなくて、やはりマーケットが日本ですので、日本人が理解しやすい文脈で記事を書いたり、テレビのニュースを作らないと受け入れてもらえないという問題があります。しかし、ナショナリスティックに太鼓をドンドン叩けばいいというわけではないので、そこの部分をどうやって判断、線引きしていくかという問題があります。

国内メディアと世界のギャップ

それから、私が国際報道で最大の課題を感じたのは30数年前、湾岸戦争の時です。湾岸危機から湾岸戦争へと、私は初めて現地でいろいろ取材をして、日本に帰ってきてから、日本の国際貢献や、当時大変な議論であった自衛隊を送るかどうか、このことについて議論を提起しようと思ったら、いろいろな方々から反対されるわけですね。そこで「議論くらい、いいじゃないですか」と言うと、「いや、議論をすることは、そこに向かって前に進むことなのでやめよう」と言われます。ふたをしておこうということなんですね。

このように、私が「最大の問題」だと思っているのは、国際政治・経済における文法、あるいは軍事情勢における文法と、日本国内における議論のギャップが大きいこと。日本のメディアというのは、マーケットがドメスティックなので、国際政治について日本の文法に翻訳して伝えている。その結果、本当の現実が伝わらない。ある意味、簡単に善悪論的な形で伝えてしまうというような弊害が出るのかなと思っています。今申し上げたことは、私は自戒を込めてということで、私自身がそういった問題について何らかの解答を持っているわけではありま

せん。しかし、それが今の米中対立をどう日本で報じていくのか、台湾有事が議論されていますが、これを日本の政治社会の文脈の中でどう報じていくのかという、そういうハードルもあって、これが大きな挑戦であるのかなと思います。とりあえず、この辺で終わりたいと思います。

松本 杉田さん、ありがとうございました。杉田さんのお話を伺いまして、国際秩序の価値観の揺れの中、一筋縄ではいかない世界をどう報じるのか、日本のメディアも厳しい状況に置かれていることが伝わってきました。

2. 質疑応答

松本 ここからは参加の皆さまに事前にいただきました質問も盛り込み、「コロナ後の世界秩序、米中と日本」について、パネリストの方々と議論してまいります。

　まず、船橋さん、益尾さんに50代の男性から質問をいただいています。ポスト習近平時代がいつ到来するかはまだ不透明なようですが、ポスト習近平時代が個人独裁の継続なのか、胡錦濤（こきんとう）時代のような集団指導制、貴族政治になるのか。ある種の自由化、民主化が始まるのか、についてどのようにお考えでしょうか。まず船橋さん、いかがでしょうか。

船橋 これは難しいですね。予測するというのはとても難しいし、あまり得意じゃない。習近平国家主席は、来年の党大会で3期目を続投することに向けて、今回の6中全会など、最後の仕上げに入ったと思います。益尾さんが先ほどおっしゃった「ここはまず盤石の体制をつくった」と

中国共産党第19期中央委員会第6回全体会議（6中全会）が、北京で開催された。議長団席に座る習近平、李克強ら。
（2021年11月、新華社／共同通信イメージズ）

いうことをなるほどと思いながら伺っていましたが、コロナが追い風になったんだなと、改めて感じたところです。ですから、この2期まではもちろん完全に押し切ったし、3期も習近平体制というのはまず大丈夫だろうと思います。

けれども、歴史決議から何から、毛沢東、鄧小平と自分を並べる、あるいは毛沢東、鄧小平をさらにしのぐような存在として高らかに打ち出し過ぎると、その割に何をやったんだということになるでしょう。そうなると、彼らの言葉で言えば台湾を解放、統一するというようなことで自分のレガシーをつくる。そのような政治に、もし習近平が進んでいったら、恐ろしい習近平モーメントというのが生まれてくるのではないか……。可能性はあると思いますね。われわれとしては、いかにそれが無謀でリスクが大きく、失敗したら、もちろんあなたもおしまいだし、共産党の支配そのものもどうなるか分かりませんよ、というような、彼、あるいは彼の取り巻きがためらうような状況に持ち込めるかどうか。これが抑止力だと思います。

ですから、台湾も解放しない、それでもなおかつ引っ張っていっていただければ、それが良いですけれども、国民がそれで納得するのか。毛沢東ポピュリズム、文化大革命に似たようなダイナミクスを習近平体制は使っていると思いますが、文革に似れば似るほど、やはりあの悲惨でむごい経験は遺伝子としてメモリーの中に持っている人は多いし、そこまでやってほしくないという国民の思いもあると思います。恐怖による政治がもっと強まるということですから。

「共同富裕」と打ち出していますけれども、IT企業のテンセントだけでも日本円で8500億円拠出するそうです。どこに使われるのか、どうやって説明するのか、何もわからない。ものすごい腐敗が生まれるかもしれない。

そのようなことも含めて、やっぱり権力継承の時は必ず来ますので、そのときに新たな独裁が生まれる可能性も否定できないし、かつてのような集団的な指導制でうまくいくかどうかは、かなり疑問だと思いますね。ですから、よき皇帝に、もし習近平がなったとしても、その次の皇帝がよき皇帝であるかどうかは分からないし、習近平ご自身が最後までよき皇帝であり続けるかどうかも、極めて疑問だと見ております。

松本　ありがとうございます。益尾さんはいかがでしょうか。

益尾 私は、これまで中国の共産党史を勉強してきて、その上、中国人の社会に入って留学生活を送ってきたので、その二つを合わせてこの問題を考えていきたいと思います。

　私は、最大の変数になるのは、習近平の健康状態だと思います。それによって次の習近平時代がどのように形成されるのかが変わってくるということです。3期目は、彼はもう自分でやるつもりだと思いますが、その後どれくらいやるのか、4期目は院政を敷くのか、自分でやるのか、その辺りがまだ決まってないと思うんですね。

　毛沢東は文化大革命を発動した時に73歳くらいで、習近平は今68歳です。習近平は、もしかするとこの先10年、15年ぐらいは活動できるかもしれない。けれども、中国人は基本的にはフリースピリットの人たちです。それを国家としてまとめるためにしっかり抑え込まなきゃいけないというのが為政者の考え方なので、習近平が抑えれば抑えるほど、中のガスはたまってくると思います。彼が後継者に段々と権力を継承しながら、うまく交代できるかどうかが非常に重要だと思いますが、やはりガスが爆発してしまう可能性もある。彼の健康状態が悪くなっていく時、あるいは急に亡くなってしまった時が、中国が不安定化するリスクが高いと思っています。

攻撃的な外交姿勢の象徴「戦狼外交」の存在

松本 益尾さんにお伺いします。先ほどのプレゼンテーションで、民衆は習近平を「よき皇帝」として支持しているとのことですが、中国の攻撃的な外交姿勢といわれている「戦狼外交」も民衆に支持されているのでしょうか。

益尾 一般的にはそうですね。というか、「戦狼外交」は、民衆の支持を獲得するためにやっているというのが正解ではないかと思います。

　ただ、中国の国内秩序と、国際秩序というのは違うわけですよね。国内秩序は確かに為政者が決められるかもしれませんが、国際社会は各国が平等で対等なわけです。そこに国内と同じ論理を持ち込んでいるわけですから、中国のそういう言動に対して、国際社会が反発しているということを認識している中国の人たち

も、実際には相当出てきているとは思います。中国共産党は自分の政策の見直しを結構真面目に行っていますが、その人たちがちゃんとそういう意見を出し、吸い上げてもらえるかどうかで、中国の今後の対外政策が強硬なままであり続けるかどうかが、決まってくるのかなと思っています。

松本　続きまして、渡辺さんに伺います。今年（2021年）9月9日にバイデン大統領は習近平国家主席に電話をかけて、「衝突を避けたい」旨の意向を伝えたと日本では報道されています。また、9月22日のニューヨークで行われた国連総会で、バイデン大統領は世界の覇権をめぐって、「唯一の競争相手」と位置付ける中国を念頭に、インド太平洋や新疆ウイグル自治区での問題に触れながらけん制する一方、「私たちは、新たな冷戦や世界の分断を望んでいない」と表明しています。トランプ前政権からの米中関係の冷戦状態は、変わる気配を見せていると言ってもいいのでしょうか。

渡辺　どこに注目するかによると思いますが、おそらく三つのレイヤー（層）があります。

　一つは、「譲れない対立」です。これは南シナ海の問題であるとか、人権の問題ですね。それから台湾についても、基本的には戦略的曖昧性ということを堅持していると思いますが、以前に比べれば曖昧性自体がユラユラになってきているという面もあるかと思います。

　その一方で、対立というよりはむしろ競争が強くなっている面、それは先端技術開発とか、インフラ支援とかですね。中国が一帯一路でくるならば、アメリカはAUKUSだ、Quadだという、この辺りは競争している状況だと思います。ただ、協調が可能なエリアもあります。環境、気候変動もそうですし、それからパンデミックの問題などでは中国が協力しなければどうにも立ち行かないという感覚もあります。しかも、今はG20（20カ国・地域首脳会議）とか、COP26（国連気候変動枠組み条約第26回締約国会議）というような、まさにどちらかというと協調が必要な場面ですから、いわゆる地ならし的にアメリカがそういう発言をする必要もあったのではないかと思いますね。ただ、バイデンさんがそう言っている裏で、ルビオ上院議員なんかは「北京オリンピックのホストを変えるべきだ」

と言っているので、アメリカ全体としてはまだ厳しい世論があることは間違いないと思いますね。

松本　続いて、杉田さんにお伺いします。先ほど米中関係について報道するのは大変であるというお話を伺いましたが、トランプ前政権からバイデン政権に代わって、何か変化を感じますか。「新冷戦」を迎えたという報道を目にすることもありますが、いかがでしょうか。

杉田　取材する立場から見ると、バイデン政権は同盟国と協調すると言っていますので、特に中国に対しての日本、あるいは日本国民の意向を、メディアを通して聞こうとしている気はしています。

　例えば、アフガニスタンでカブールが陥落した８月15日ごろ、アジア、台湾、日本の一部ではアメリカに見捨てられるのではないかという恐れが広まったのですが、その時も出先の大使館が何人か集めて説明をしたり、意見交換をする形で、いわゆるさざ波を抑えるという行動もしています。

　それから、バイデン政権に入った人々というのは、オバマ政権やシンクタンクなどで、外交安全保障問題、あるいは国際経済で働いていた方々が比較的多いので、彼らがいわゆる古巣のシンクタンクのイベントに出てきて、メディアを相手に発言をしています。こういったことは、取材する側としては大変ありがたい話です。トランプ政権時代は、そういったシンクタンクとのつながりがもともとない人たちだったので、その結果、メディアとの付き合いもあまりうまくなかったのかなと思います。

松本　もう一つ、杉田さんに70代の男性から、日本企業の対中進出について、質問をいただいています。14億人を擁する広大な市場というのは存在するのか。中国国内での不良債権急増の実態を勘案すれば、対中進出は危険なはずである。しかし、いまだに対中進出する動きがある。今後も日本企業にこの動きがあるのか、日本企業はいかなる認識を持っているのか教えてほしい、とのことです。

杉田　はい。対中進出した日本企業の方々は、日中関係が悪化した時に、最悪の

場合は、例えば企業の方々が拘束されて人質に取られるような状況もあり得ると思います。そういうリスクは当然あると思いますが、一方で、アメリカか中国かという、要するに「二択」もなかなか取りづらい。当然ながらヨーロッパをはじめいろいろな国、それは現代も過去も含めて、そんなにきれいに「この国と付き合うので、こちらの国とは付き合いません」とか、「この国と安全保障の関係があるので、こっちの国とはビジネスしません」ということはできないので、企業の方々はそれなりのリスクとベネフィットを同時に考えて、ベネフィットが大変大きいということで対中進出していると思います。

評価が高まる日本の外交

松本　ありがとうございました。続きまして、日本の外交戦略について、船橋さんに70代の男性からの質問です。わが国の外交上の最大の欠点、弱点とは何でしょうか。対米追随外交といわれる外交政策の転換は可能なのでしょうか。

船橋　そうですね。なかなか難しい質問ばっかりですけれども（笑）。外交政策について、欠点、弱点とおっしゃいますけれども、安倍政権の外交安全保障政策について、私も最初は「この政権大丈夫かな、歴史問題などで近隣諸国とけんかするんじゃないか」とか相当危惧を持っていたんですが、7年8カ月終わって振り返ってみるとなかなかの外交をしたのではないかと思います。

　それは、特にアメリカが脱退した後のCPTPPでの指導力とか、それから日本でも賛否両論激しく戦われた平和安保法制にしても、抑止力の形成に役立っていると思います。

　中国が、特に2017〜18年、日本との関係を改善し、より安定させようとしました。一帯一路にしても、日本の4条件であるとか、中国がそういうものを織り込んで、一緒に共同投資するように雰囲気が変わってきましたよね。2014年11月に安倍さんが最初に北京に行った時の習近平国家主席との首脳会談の写真では、ぶっきらぼうというか仏頂面というか、そこから始まったわけです。そういうことも含めて、安倍政権は、難しいトランプ大統領ともなんとか折り合いをつけてアメリカとの関係も良くし、中国との関係もある程度安定させていたというような

ことを、ASEANの国々はとても評価しましたよね。だから、ASEANの国々に世論調査をすると、日本にリーダーシップを取ってほしいという期待が非常に高くなってきている。それも含めて、日本の外交はそんなに弱いとか、下手だとかいうことはないと思います。そして、なぜそういうふうにできたのかということを、しっかりとわきまえておかなければいけない。

それは何かというと、一辺倒の外交にならないということだと思います。一辺倒というのは、「一つのバスケットに全部の卵を投げ込む」というような言い方がありますけれども、そういうことをしない。かつて内山完造という人が日本の戦前の外交、これを表して「一辺倒外交が失敗したのだ。これからは両辺倒だ」と言いました。つまり、アメリカと中国、アメリカとアジア、これを両方とも安定させる、そういう外交をしなくては駄目だということです。これが戦後の出直しのとても大きな教訓だったと思いますし、今の課題でもあると思います。ですから、先ほどのCPTPPにアメリカと中国を一緒に迎え入れようという夢物語も、理念としては少なくとも掲げていくべきでしょう。日本の今後の外交の在り方としても、あるいはそのフロンティアの可能性としても、ベストを目指していくというような発想です。そういうことが、日本の外交にはまだ欠けているので、せっかく外交の中で世界に評価されたので、現在の日本の立ち位置をもう一歩追求していくということを、岸田政権には期待したいと思っています。

日本の対中国戦略のヒント

松本 渡辺さんにも日本の外交戦略について、70代の男性から質問をいただいています。

日米同盟を基本にしながら、日本として国益を確保するためにも、対中国の経済関係はしっかり確保する戦略が欠かせないとは思いますが、そんなに簡単だとは思えません。こうした戦略を打ち立てる上で、何かヒントになるアイデアをお示しいただけないでしょうか。

渡辺 そうですね、難しい問題ですが、ただ先端技術産業以外の領域に関して、経済関係・貿易関係というのは維持できるのではないかと思います。

　現にアメリカだって維持していますし、トランプ政権下で結局中国からの輸入超過に陥ったという情報もあるくらいですから。アメリカだって、たぶんデカップリングは全ての領域において可能だとも、望ましいとも思っていないでしょう。日本についても同じだと思います。ただ、その先端技術産業に関しては、やはり台湾とかインドとかにネットワークを広げていくことも必要だと思いますし、それから特に経済安全保障に関わるような、非常にデリケートな物品に関しては同盟国の間で調達をしていくという流れというのは変わらないし、その方がいいのではないかと思います。

　画期的なアイデアがあるわけではないのですが、TPP に関しては私も同感で、船橋さんが「毒まんじゅう」と表現されていましたが、中国は相互依存の武器化に流用しかねないと。つまり、中国にとっての梃子（てこ）になってしまいかねないというリスクを念頭に置きながら、もしかすると中国を動かす梃子（てこ）になり得るのかもしれない。少なくとも一つの交渉の場としては、いろいろな可能性を追求して、投げるべきボールは投げていくということは望ましいし、その果てに――いつになるか分かりませんけれども――アメリカが RCEP なり、あるいは TPP なりに復帰をするということが望ましいのかなと思いますね。

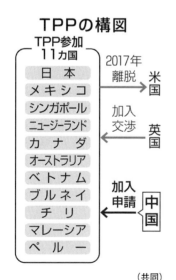

TPPの構図

TPP参加 11ヵ国

日本
メキシコ
シンガポール
ニュージーランド
カナダ
オーストラリア
ベトナム
ブルネイ
チリ
マレーシア
ペルー

2017年離脱　米国

加入交渉　英国

加入申請　中国

（共同）

松本　ありがとうございます。船橋さんには中国の TPP 参加について、先ほど基調講演いただきましたので、益尾さんにお伺いします。60代の男性からの質問で、中国の TPP 参加について、中国と加盟各国との交渉妥結の可能性について、どう見ていますでしょうか。

益尾　どうもありがとうございます。すでに船橋さんと渡辺さんの方からお話がありましたが、私もこれはもしかすると中国をどういうふうにマネージメントしていけるのか、中国とどういうふうに組み合っていけるのかを、日本が考えるいいチャンスになるのかなと思っていま

す。

　先ほど船橋さんからもお話がありましたけれども、安倍外交というのは、実は中国で非常に高く評価されています。私も中国研究者の立場から見てすごいと思ったのは、実は、彼のアプローチが中国の一帯一路を路線変更させることに成功しているのですよね。2017年に、日本が一帯一路に協力する条件として、その透明性を高めたり、国際的なルールに従うということを突き付け始めたわけですけれども、実際は2019年の第2回の一帯一路フォーラムで、習近平はそれを全部受け入れています。少なくともその言葉の上では、そういうルールを自分への拘束として認めたわけですよね。それはやっぱり日本外交が、地道なアプローチながら、「こういうふうな中国でなければ私たちは組み合えませんよ。でも、こういうふうにあなたたちがしてくれるのであれば組み合えます」ということを、きちんと条件を明示して中国側に挑戦させた結果——もちろん米中貿易戦争という背景もありましたが——条件をのませることに成功したわけです。

　現在、米中関係はさらに緊張を増していますので、国際的な条件は同じではないですけれども、このCPTPP加入に中国側も声を上げました。中国も、これが短期的に認められるとは思ってないと思います。思っていないと思いますが、やはり中国の中でもいろいろなディベートがあります。国際協調派は、その外圧を利用しながら中国の経済体制を変えていきたいと考えています。あいにく彼らはトランプの米中貿易戦争が仕掛けられた時に、すごく勢いを縮小させてしまったのですが、たぶんCPTPP加入にすごく力や期待をかけている。また逆に、「中国は経済を利用しながら、自分たちの勢力とか影響力を広げていくべきだ」と、今をチャンスとみなす人たちもいて、中国の中でもやっぱり綱引きがあると思います。私たちは、それをきちんと分析し、CPTPPの交渉の舞台を使いながら、中国が国際社会のルールに従うよう、より建設的なアプローチをして、国際社会に経済的に臨んでいけるように引っ張っていくことができるのではないかと思います。その結果、中国の参加を認めるかどうかは最終的に考えればいいのであって、この交渉の場というのを日本外交の活躍の場として使っていく可能性というのは非常にあると感じています。

米中の協調と日本の立ち位置

松本　ありがとうございました。次に日本の今後の対応について、パネリストの方全員にお伺いします。70代の男性からの質問で、「米中が協調していくために日本が取るべき道は？」。船橋さんからお願いします。

船橋　今、アメリカが不在の時代であり、中国はまだ十分にリーダーシップを発揮しきれていない。つまり、リーダーシップの空白があるんですね。誰かがリーダーシップを取らなきゃいけない。それを日本がやるべきだと思います。特にこのアジア太平洋において日本ができることはたくさんあると思いますし、その中でやっぱり重要なのは理念と構想力。そして、実際に動いてみる。しかも、自分だけ飛び出しても駄目です。CPTPPもイレブンですから、チームでやらないといけない。ライク・マインデッド（志を同じくする）という言葉がありますけれども、他の国々と一緒に協力していくという姿勢を取るべきじゃないかと思います。

松本　続いて、渡辺さん、よろしくお願いします。

渡辺　そうですね。米中が協調するとしても、それが日本とか国際社会の利益にならないような協調をされるとまずいですけれども。それはともかくとして、少なくとも私が物心ついてからの歴史を振り返ってみても、今は日米間の関係が極めて良好だなと思います。いわゆる信頼関係があるということですね。アメリカも、日本の姿勢を評価していて、アメリカに対する発言力は増していると思います。こういう国は世界を見ても、実はそう無いのではないか。イスラエルとかイギリスなんかと比較される場合もありますけれども、いろいろな経緯から同じレベルでは考えられないと思います。それらの国とはちょっと違った立場からの、アメリカに対する発言力を持っていること。これは重要なアセットではないかと思います。

　その一方で、これは日本のスタイルなのかもしれませんが、アメリカのように中国に向かってとてつもなく厳しいことをストレートに言うのではなくて、中国

のメンツをつぶさないようにアプローチしていくという、硬軟を使い分けたアプローチというのもまた日本が大切にしたいところだなとは思いますね。

松本　益尾さん、お願いします。

益尾　私も米中協調というのが必ずしも日本にとってよいことなのだろうかと疑問です。G2が世界のことを全部決めてしまって、それが日本にとってよいようにならなければ、それはそれで困るわけで。

　米中協調をどういうふうに日本の利益になる方向に引っ張っていけるのかという観点からお答えしますと、やはり根本的には日本社会の体質改善だと思います。戦後76年という、だいぶ長い時間がたちました。日本は戦争に負けて、国内体制を再建したわけですが、それから長い時間がたって今の時代にそぐわないものがたくさん残っているように思います。

　現在、国際秩序が急速に変動しています。そのリスクに備えなければならないということを認識して、新たな課題に合わせて自己変革をしていく国内体制が必要になっているのではないかと思います。それが、一番の優先課題ではないでしょうか。

松本　杉田さん、お願いします。

杉田　3人の先生方がおっしゃったことに、私も完全に同意いたします。

　おそらく米中協調というのは難しいだろうと思います。それからさらに、先生方がおっしゃった通り、米中協調が日本にとってよいことかというと、これはクエスチョンマークが付いてしまう。

　日本にとっては、米中が戦争してもらっては困る。中国が軍事力で台湾統一を試みるようなことがあっては困る。一方で米中があまりにも接近して日本の頭越しにいろんなことを決めてもらうのも困る。ただ米中が日本の頭越しにいろんなことを決めるという事態は、今はイデオロギーの問題とかいろんなことを考えるとあり得ないかなと思われます。そうなると、頭越しシナリオではなく、米中間で軍事衝突が起きないようにする努力が日本の取るべき道だと思います。

そのためには何をするかというと、先ほどの船橋さんの講演の中でもお話が出ていましたが、やはり中国に対する抑止力を、静かなものであれ、見せつけるものであれ、示していくことが、現在の状況の中で日本にとって一番国益を増す方策かと思います。

3. メディアの立ち位置を考える

松本　ありがとうございました。それでは後半のテーマ、メディアの立ち位置について話し合いたいと思います。船橋さん、渡辺さん、そして益尾さんにお伺いしますが、米中関係の報道について気になったことはありますか。船橋さんからお願いします。

船橋　米中関係の報道について気になったことですか。岸田政権では、経済安全保障担当大臣に小林鷹之さんを任命し、米中問題に対しては特に機微技術をめぐる経済安全保障とかそういうところから始まりました。日本はアメリカの同盟国ですから、中国の行動・政策が、日本あるいは日米同盟にとって影響を及ぼすことを見据えて、対応策も含めて考え、しっかり報道することが大切だと思います。アメリカの行動とか政策が、果たして日本が経済安全保障政策を強化する場合にプラスなのかどうか。これもしっかり吟味する必要があると思いますね。

　例えば、アメリカ政府は、台湾の半導体のメーカー、台湾積体電路製造（TSMC）に対して、中国あるいは他の国に対する輸出の顧客リストや、半導体の容量といいますかパフォーマンス、そんなのを全部出してくれと言っています。グローバルサプライチェーンの中でどこが危ないところなのか、出してもらわないと分からないし、出さないならばその非協力的な態度に対してわれわれは考えがある……とこういう感じです。台湾政府はこれに対してノーと言っています。アメリカは、韓国のサムスンに対しても、今まで以上に要求を強めています。韓国政府は今非常に悩んでいますね。例えば、アメリカ政府が、サムスンの情報をインテルに流さないという保証はあるのかどうか。経済安全保障というのは企業が主役ですから、伝統的な国家安全保障とは違って非常に難しい問題がある。経済安全保障は重要ですから、深い報道・分析がますます必要になってきて

いると思います。

松本 ありがとうございます。続きまして渡辺さん、米中関係の報道について気になったことはありますか?

渡辺 個別の話ではなくて一般論ですが、私は今、米中関係の報道について振り返ってみると、そう不満は無いような気がします。つまり知りたいような話は大体知ることができていると思っています。そして、不満を感じそうだなとか、読んでも仕方がないなという記事——メールなんかで膨大に流れてくるのですけれど——そういうものは初めからスルーしているので、私自身は特に不満は無いです。

　ただし、気が付いてみれば、私が「意味無いだろう」とか、「読んでも仕方ないだろう」と排除したような記事を、とりわけよく読んでいる人もいるんだなということをよく感じますね。それで、そういう人たちと同じ社会にいて、どうコミュニケーションを取ればいいのか、戸惑うことはあります。

　例えば、ごく一般的なことで「日本にとって、中国はやはりある程度は大切な国だ」というふうに言うと、「渡辺は共産主義者だ。慶応の学生はかわいそうだ」と言われる。「アメリカと仲良くしなければいけない」と言うと、「あいつはCIAの手先だ。慶応の学生はかわいそうだ」と言われる。いずれにしても、何を言っても「慶応の学生はかわいそう」なんですけど(笑)。日本だけじゃなくて、割とこういう「分断化」というか、世論のトライバリゼーション(部族化)みたいなことが起きているので、米中関係の中でこれをどういうふうに考えていけばいいのかということがちょっと気になります。

松本 ありがとうございます。続いて益尾さん、いかがでしょうか。米中関係の報道で気になったことはありますか?

益尾 そうですね、まず米中対立の結末は、米中両国だけでは決まらないと私も思います。船橋さんから「企業」という話が出てきましたけれども、それ以外の主体、例えば、台湾政府がそれをどういうふうに見ているか、あと米中以外の

国々、日本とかヨーロッパを除いた国々が、それにどういうふうに関与しようとしているのかという議論は、日本の中で非常に少ないと思うのです。

　また、私は、日本の視点からの中国に関する報道の質が、あまり高くないなと常々思っています。「ナショナリズムが……」というお話もありましたけれども、「危ない」とか「やばい」とかそういう形容詞で日本人の反中感情をかき立てるような、そういう商業的な報道が非常に多いと思います。

　例えば、習近平は人民に優しい指導者として自分をアピールしたいので、発展途上国に便利で先進的なサービスを提供して、彼らを中国が開発した技術の上に乗せていこうという戦略をたぶん持っている。そういった、中国が自分の仲間を世界的に開拓するために実際にどういう努力をしていて、それがどういう問題を起こしつつあるのかという分析がちょっと足りない。私たちはもうちょっと米中対立の全体像を見ていくべきなのではないかと思っています。

松本　お三方の声を聞いて、杉田さんいかがでしょうか。

杉田　本当にどうもありがとうございます。どれもこれも正鵠を射ているなという感想を持ちます。

　一つずつコメントをさせていただくと、船橋さんがおっしゃったことについては、確かに経済安全保障が魔法のつえみたいに今は思われていると思います。外交でもあまり状況は改善しないけど、経済安全保障でうまくいくのではないか、相手の顔がこっちを向いてくれるのではないかという期待が非常に高まっています。それと同時に、日本の技術などを含めていろいろなものを、これまで日本はまったくオープンにしていたので、そこは一つ一つ守っていきましょうという議論があると思いますが、これは確かに意味があると思います。

　経済安全保障については、私がここで言うまでもないですが、2012年に中国がレアアースの対日輸出を止めた時に、日本は他の国からレアアースを獲得することによって、中国の制裁を克服したということがありました。このように経済安全保障戦略は相手国の対抗策で無力化されてしまう懸念があります。また経済安全保障は、いわゆる産業政策になっていくので、本来は自由である私企業の世界において勝ち組と負け組を政府が決めていくということになってしまい、果たし

てこれはどうなのかという議論があると思います。

それから、渡辺さんのおっしゃった、いわゆるエクストリームなストーリーが往々にして見られるということ。これは先ほど申し上げた単純化した世論、それから益尾さんがおっしゃった商業主義的なマーケットを意識したストーリーということになると思います。ここはまあ、「記者が勉強しろ」「デスクが勉強しろ」ということに尽きるのだと思いますね。

一方、フェイクニュースは別ですけれども、日本の言論の自由という原則からして、否定することもこれまたなかなか難しい話だと思います。だからといって、読者のメディアリテラシーを高めろというような答えは無責任だと思いますけれども。申し訳ございませんが、ここのところはなかなか答えがないところであります。

それから、益尾さんが米中対立の全体像を捉えてほしい、ナショナリズムで引っ張られていくのはよくないとおっしゃっていましたが、まさにその通りだと思います。

私の誤解かもしれませんし、まったくの印象論ですが、いわゆる雑誌ジャーナリズムにおける反中的な特集とか、反中ものっていうのは、一時期に比べて少し減っているのではないかという気もするのです。「嫌韓」というか、韓国に対する厳しい目は今でも多いのですが……。もちろん「反中本」はたくさんありますが、雑誌の「反中特集」みたいなものは減っているのではないかと思います。日本における中国に関するジャーナリズムは、韓国に対するものよりはもう少し深みが出てきたのではないかという、これは手前みその解釈で申し訳ないですが、そんなことを感じています。

米中に対峙する日本メディアへの提言

松本 ありがとうございました。そろそろお時間も迫ってまいりましたので、パネルディスカッションの最後のまとめに入りたいと思います。「コロナ後の世界秩序——米中と日本、メディアの立ち位置を考える——」に関しまして、パネリストの皆さんからそれぞれ提言をいただきたいと思います。最初に船橋さん、よろしくお願いします。

船橋　私の友人にハーバード大学で物理を専攻し、今はある企業のR&D（研究開発）のトップをしている人がいます。その人によると、中国の科学技術の進展がものすごくて怖い、知らないうちに中国に抜かれていく、と言っている。これは政府としても、最先端の中国をもっとしっかり見なきゃいけないけれど、中国語の壁があると彼は言います。リテラシー・ギャップがあるので、これを埋めないと危ないというわけですね。

　政府の経済安全保障政策を推進していく際にも、ありとあらゆる中国語の文献をとことん読んで、政策決定過程にしっかりと織り込んでいかなければいけない。社会全体として、国民もそれを知らなきゃいけないという、これは報道の課題でもある。そこが多分一番大きいと思います。

　提言ということで言えば、中国の、特に科学技術のリテラシーをわれわれがしっかり向上させる。そのためにはメディアにも大きな役割があり、それを果たすべきだと思います。

松本　ありがとうございました。続きまして渡辺さん、ご提言をお願いします。

渡辺　アメリカ社会を見ていると、やはり部族化や分断化というのが進んでいて、メディアもその中に巻き込まれて、それを助長するような傾向が出てきているかと思います。

　日本は左とか右とかありますけど、例えばコロナでの「マスクしましょう」とか「自粛しましょう」とか「ワクチン打ちましょう」みたいな世相行動は、ボトムラインとしてコンセンサスがあると思います。そういうメディアのゲートキーパー（門番）的な役割というのは、当たり前のようですけど、当たり前じゃなくなってきている社会もあるので、そこはぜひ堅持していただきたい。

　それから船橋さんのお話の中で、李文亮さんの「健全な社会というのは一つの主張のみに依拠してはいけない」という言葉のご紹介がありましたが、その通りです。保守的なメディアであってもリベラルな人の意見を紹介したり、その逆だったり、それが国や社会としての本当の強靭さとか、リベラル国際秩序の基本になると思います。それが無ければ中国と同じになってしまいます。このボトムラインを押さえた上での寛容さ、多様性は、引き続き日本のメディアで維持してい

ただきたいなと思います。

松本 ありがとうございました。益尾さん、ご提言をお願いします。

益尾 どうもありがとうございます。実は言おうとしていたことを船橋さんに言われてしまいました。私自身が普段悩んでいることでもありますが、やはり科学技術と政治の関係性を読み取っていただけるジャーナリストの養成が急務だと思っております。

国家科学技術奨励大会を北京で開催。大会に先立ち、受賞者代表と会見する習近平ら中国共産党と国家の指導者。
（2021年11月、新華社／共同通信イメージズ）

　習近平にとっては、科学技術も歴史も、彼の政治ツールなのです。アメリカが覇権国としての地位を確立した過程というのを、中国はよく勉強しています。習近平は、今が新たな産業革命の段階であることをすごく意識していて、人類社会の新たな技術基盤を中国が先に構築していき、その技術の上に他の国々を乗せていく。そこでその上に国際法も作っていく。その上で自分の覇権国としての地位──彼らはその言葉を使わないですけど──超大国としての地位を恒久的に固めていきたい、という意向を明確に持っています。アメリカ側もそれを非常に意識して科学技術競争を進めていますので、それを読み解ける新聞記者、あるいは学者、政府関係者、そういう人材育成が急務になっているのかなと思います。

　中国語の論文はたくさん公開されていて、読めますので、ぜひそれを分析できる人材を育成していただきたいと日本には期待をしております。

松本 ありがとうございました。杉田さん、メディアの立場から提言をお願いします。

杉田 ありがとうございました。全て素晴らしい提言ばかりで、しかも全て私ができないことばかりで……。中国語の科学技術の論文を読むこともできない。そういう意味では、私が日本のメディアを代表しているわけではないんですが、日

本のメディアは全然足りないなと感じます。

　私の提言は、虚心坦懐（たんかい）に中国のこともアメリカのこともよく知る必要があるということです。お話にも出ていたように、例えば中国に対して「中国はどうせ……」という考え方、それからアメリカに対して「アメリカはいつも傲慢（ごうまん）でけしからん。どうせ自分の国の利益ばっかり考えているんだろう」という単一的でネガティブな見方ではなく、それぞれの国がいろいろなことを考えて、一生懸命努力している現状を知る必要があるということだと思います。

　そういう中で日本が変に後ろ向きになって、「どうせ米中二大国で勝手にやるのだろう」みたいな発想ではなく、積極的に関わっていこうという心構えを前提としてしっかり知ろうとする。アメリカとも中国とも付き合いを深めて、相手を知っていくことが非常に重要なのかなと思います。

松本　ありがとうございました。日本のメディアで言えば、アメリカに対してはワシントン、ニューヨーク、西海岸など特派員も多いので、中国と比べるとどうしてもアメリカ中心の報道になりがちではないかと思います。しかし、パネリストの方から中国で自由な取材は難しいという面はあっても、もっと相対的に俯瞰（ふかん）したさまざまな取材をすべきだというご提言をいただきました。私自身も実際に中国に行った時に、日本で報道されている以上に、その科学技術の進展には目を見張ったところでもあります。

　本日はさまざまな議論をしていただきましたパネリストの皆さん、大変ありがとうございました。これにてパネルディスカッションを終了させていただきます。ありがとうございました。

編集後記

いや増す中国の存在感に
対峙するメディア

倉沢章夫

公益財団法人 新聞通信調査会 編集長

　弊会のシンポジウムは 2013 年に始まっており、その時のテーマが「日中関係の針路とメディアの役割」だった。その後、内外のテーマを扱って毎年開催し今回に至っているのだが、中国をめぐる問題をテーマとして取り上げたのは、第 1 回、そして 2018 年の「米中激突、揺れる国際秩序—問われるメディアの分析力・洞察力」と今回で 3 回目となる。やはり中国の存在感がそれだけ大きくなり、国際問題として取り上げざるを得なかったということだと思う。

　今回のシンポジウムは、基調講演、パネルディスカッションを通じて示唆に富む発言が多く、勉強になる内容だったのではないかと考えている。発言録を読み返してみて、改めてその感を深くした。

　基調講演をお願いした船橋洋一氏は、米中対立に関してさまざまな米国人識者の発言を引用し、話語権やピーク・チャイナ論など新たな動きを取り上げて大変参考になった。また中国の TPP 加盟申請をめぐって、TPP の中核的存在である日本がどう対応するべきか、日本にとっては「非常に大きな歴史的な機会だ」と述べられた。全体として、さすがベテランジャーナリストの解説だと興味深く受け止めた。

　アメリカがご専門の渡辺靖氏は、アメリカが築き上げたリベラル国際秩序が中国その他の挑戦で揺らいでいる現状を説明された上で、バイデン外交をトランプ外交と比較。日本に対してはインド太平洋構想でイニシアチブを発揮したようにリベラル国際秩序という理想を守るためのリアリズムが求められていると強調されるなど、傾聴すべき発言が多かった。

　また、中国研究者の益尾知佐子氏は、習近平体制が非常に安定しているとして、最大のリソースが人民の支持であると指摘。さらにコロナ禍との戦いを勝ち抜くことによって習近平氏が権力者としての地位を固めていった、「コロナがもたらしてくれた幸運を、しっかりとつかんだ」と述べられた。中国国内の事情がよく理解できたと思う。

　メディアサイドからのパネリストである杉田弘毅氏は、長い特派員生活から得た見識を披露され、国際政治の文法と日本国内の議論にギャップがあるなどと指摘したほか、メディアにとって参考にすべき意見を多く示された。

　今回のシンポジウムも前回と同様、コロナ禍の中で、入場者を大幅に制限せざるを得なかったが、オンライン参加も可能としたので、地方も含めて多くの参加者を得ることができ、ほっと胸をなでおろした次第だ。オンライン視聴は今後も続けていく見込みである。

　最後に、パネルディスカッションのコーディネーターを務めていただいた松本真由美氏、シンポジウムの設営などを委嘱した㈱共同通信社の方々にお礼を申し上げたい。

組織図

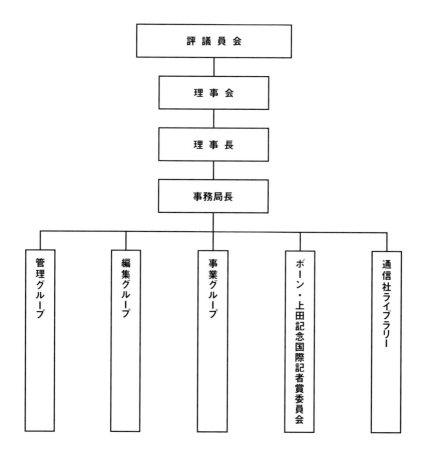

事業内容

講演会

原則として月1回開く定例講演会と、規模の大きい特別講演会を年2回、開催。ジャーナリスト、メディア研究者、文化人、現役記者らにホットな社会情勢、国際情勢をわかりやすく語ってもらう。講演概要は『メディア展望』に収録。入場無料。

シンポジウム

メディア界をめぐるさまざまな課題をテーマに毎年1、2回開催。ジャーナリスト、学者らをパネリストに招き討論する。事前に聴講希望者からの質問も募る。基調講演とパネルディスカッションは、それぞれ概要を『メディア展望』に収録するほか、詳細な内容は単行本にまとめている。入場無料。

世論調査

国内の5000人を対象にメディアの信頼度を調べる「メディアに関する国内世論調査」と米英仏中韓タイ6カ国の対日観などを調べる「海外における対日メディア世論調査」を毎年1回実施して公表。多くの新聞、放送、ネットで報じられ、引用されている。

メディア展望

メディアを取り巻く広範な課題についてジャーナリスト、専門家による論考記事を掲載する月刊誌。1963年発刊の『新聞通信調査会報』を2009年に改題した。毎月1日発行。全文を発行日以降、新聞通信調査会のホームページで無料で公開している。

報道写真展

「定点観測者としての通信社」シリーズの報道写真展を毎年開催。これまでに取り上げたテーマは「憲法と生きた戦後～施行70年」(2016年度)、「南極観測60年」(2017年度)、「平成の軌跡」(2018年度)、「熱気・五輪・1964」(2019年度)など。毎回、図録も作成している。

ボーン・上田記念国際記者賞

報道を通じて国際理解に貢献したジャーナリストを表彰する1950年創設の年次賞。当時のUP通信副社長マイルズ・ボーンと同盟通信編集局長や電通社長を務めた上田碩三の名を冠した。

出版補助

出版の機会に恵まれない研究者やジャーナリストによる論文などの刊行を助成する事業で2015年度から開始。年1回、春から夏にかけて公募している。

通信社ライブラリー

戦前の同盟通信社や現在の共同通信社、時事通信社およびメディア関連の資料、書籍を所蔵する専門図書館。蔵書は約9000冊、資料は約2000点。入館無料。一般に開放している。

デジタルアーカイブ

通信社ライブラリーが所蔵する同盟通信社の配信記事や資料などをインターネットに公開している。当財団のホームページから閲覧できる。

同盟通信本社が入居していた当時の市政会館

同盟通信社の編集局

1945年	同盟通信社解散。共同通信社と時事通信社が発足
1947年	同盟通信社解散に伴う清算事務完了後、残された資産などを基に「同盟」の資料と解散清算後の資産を引き継ぎ、財団法人通信社史刊行会として発足
1958年	『通信社史』刊行
1960年	財団法人新聞通信調査会と改称
1963年	『新聞通信調査会報』(2009年に『メディア展望』に改題)の発行開始
1976年	月例の定例講演会を開始
2008年	「メディアに関する全国世論調査」を開始
2009年	公益財団法人に移行
2010年	通信社ライブラリー開館
2012年	「定点観測者としての通信社」シリーズの写真展を開始
2013年	ボーン・上田記念国際記者賞の運営が日本新聞協会より移管
	シンポジウム「日中関係の針路とメディアの役割」を開催。シンポジウムはその後毎年開催
2015年	出版補助事業を開始
2017年	『挑戦する世界の通信社』刊行

2018年	デジタルアーカイブを開設し、同盟通信の配信記事を収録した『同盟旬報』などを公開。その後、順次新たな史資料を追加
2019年	デジタルアーカイブで『海外電報』『同盟通信写真ニュース』『通信社史』などを公開『メディア展望』をマイナーチェンジ
	大阪で初となるシンポジウム「五輪と万博、東京・大阪の未来予想図」を開催
2020年	コロナ禍でシンポジウム「新型コロナと人生100年時代」を初めて会場参加とウェブ参加のハイブリッドで開催
2021年	『通信社史』の続編にあたる『証言 通信社史』刊行
	シンポジウム「コロナ後の世界秩序、米中と日本」をハイブリッドで開催

新聞通信調査会が出版した書籍

※は Amazon で販売中

書名	著者	出版年
通信社史	通信社史刊行会編	1958
障壁を破る　AP組合主義でロイターのヘゲモニーを打破	ケント・クーパー	1967
古野伊之助	古野伊之助伝記編集委員会	1970
国際報道と新聞	R・W・デズモンド	1983
国際報道の危機　上下	ジム・リクスタット共編	1983
アメリカの新聞倫理	ジョン・L・ハルテン	1984
国際報道の裏表	ジョナサン・フェンビー	1988
さらばフリート街	トニー・グレー	1991
放送界この20年　上下	大森幸男	1994
IT時代の報道著作権	中山信弘監修	2004
新聞の未来を展望する	面谷信監修	2006
在日外国特派員	チャールズ・ポメロイ総合編集	2007

書名	著者	出版年
岐路に立つ通信社		2009
新聞通信調査会報　CD-ROM（1963〜2007年）		2009
日本発国際ニュースに関する研究	有山輝雄ほか	2009
ブレーキング・ニュース	AP通信社編	2011
関東大震災と東京の復興	新聞通信調査会編	2012
メディア環境の変化と国際報道	藤田博司ほか	2012
大震災・原発とメディアの役割		2013
日本からの情報発信※	有山輝雄ほか	2013
写真でつづる戦後日本史※	新聞通信調査会編	2013
東京の半世紀※	新聞通信調査会編	2014
日中関係の針路とメディアの役割	新聞通信調査会編	2014
ジャーナリズムの規範と倫理※	藤田博司・我孫子和夫	2014
2020東京五輪へ	新聞通信調査会編	2014
ジャーナリズムよ	藤田博司	2014
戦後70年※	新聞通信調査会編	2015
子どもたちの戦後70年※	新聞通信調査会編	2015
広がる格差とメディアの責務※	新聞通信調査会編	2016
報道写真が伝えた100年※	新聞通信調査会編	2016
コレクティヴ・ジャーナリズム※	章蓉	2017
プライバシー保護とメディアの在り方※	新聞通信調査会編	2017
憲法と生きた戦後※	新聞通信調査会編	2017
挑戦する世界の通信社※	「世界の通信社研究会」編	2017
南極観測60年※	新聞通信調査会編	2018
ポピュリズム政治にどう向き合うか※	新聞通信調査会編	2018
メディアに関する全国世論調査（第1回〜第10回）	新聞通信調査会編	2018
復刻版「同盟旬報・同盟時事月報」		2018

書名	著者	出版年
松方三郎とその時代※	田邊純	2018
NPOメディアが切り開くジャーナリズム※	立岩陽一郎	2018
人口急減社会で何が起きるのか※	新聞通信調査会編	2018
平成の軌跡※	新聞通信調査会編	2018
米中激突、揺れる国際秩序※	新聞通信調査会編	2018
大地震、異常気象をどう乗り切るか※	新聞通信調査会編	2019
熱気・五輪・1964※	新聞通信調査会編	2019
五輪と万博、東京・大阪の未来予想図※	新聞通信調査会編	2020
実物大の朝鮮報道50年※	前川惠司	2020
日本人の働き方100年※	新聞通信調査会編	2020
記者のための裁判記録閲覧ハンドブック※	ほんとうの裁判公開プロジェクト	2020
新型コロナと人生100年時代※	新聞通信調査会編	2020
文化交流は人に始まり、人に終わる※	加藤幹雄	2021
証言 通信社史（非売品）	『証言 通信社史』編集委員会編	2021

新聞通信調査会シリーズ（小冊子）

通信社の話	通信社史刊行会	1953
新聞組合主義の通信社のありかた	通信社史刊行会	1959
日本の新聞界と外国通信社	福岡誠一	1960
通信衛星の現状と将来	岸本康	1962
日本通信社小史（A short History of the News Agency in Japan）	古野伊之助	1963
世界の通信社	ユネスコ編	1964
アジア通信網の確立	吉田哲次郎	1968
物語・通信社史	岩永信吉	1974
新聞の名誉棄損　上下	日本新聞協会調査資料室編	1974
STORY OF JAPANESE NEWS AGENCIES	岩永信吉	1980

シンポジウム

コロナ後の世界秩序、米中と日本
─メディアの立ち位置を考える─

発行日　　2022年3月1日　初版第1刷発行

発行人　　西沢　豊
編集人　　倉沢章夫
発行所　　公益財団法人 新聞通信調査会

　　　　　〒100-0011
　　　　　東京都千代田区内幸町2-2-1　日本プレスセンタービル1階
　　　　　TEL　03-3593-1081(代表)　FAX　03-3593-1282
　　　　　URL　https://www.chosakai.gr.jp/

装丁　　　野津明子(böna)
写真　　　河野隆行(口絵、本文)、共同通信社(表紙、本文)
編集協力　株式会社共同通信社
印刷・製本 株式会社太平印刷社

ISBN978-4-907087-38-8